Abitur *Skript*

Mathematik BF

Gymnasium
Baden-Württemberg

Inhalt

Analysis

Analytische Geometrie

Stochastik

Vorwort

Liebe Schülerin, lieber Schüler,

dieses handliche Buch bietet Ihnen einen Leitfaden zu allen wesentlichen Inhalten, die Sie im Mathematik-Abitur im Basisfach benötigen. Es führt Sie systematisch durch den Abiturstoff der Prüfungsgebiete Analysis, Analytische Geometrie und Stochastik und begleitet Sie somit optimal bei Ihrer Abiturvorbereitung. Durch den klar strukturierten Aufbau eignet sich dieses Buch besonders zur Auffrischung und Wiederholung des Prüfungsstoffs, auch kurz vor dem Abitur.

- **Formeln** und **Regeln** sind durch einen grauen Balken am Rand gekennzeichnet, wichtige **Begriffe** sind durch Fettdruck hervorgehoben.
- Zahlreiche **Abbildungen** veranschaulichen die Lerninhalte.
- Maßgeschnittene **Beispiele** verdeutlichen überall die Theorie. Sie sind durch das Symbol 💡 gekennzeichnet.
- Zu typischen Grundaufgaben wird die **Vorgehensweise** Schritt für Schritt beschrieben.
- Das **Stichwortverzeichnis** führt schnell und treffsicher zum jeweiligen Stoffinhalt.

Allen Schülerinnen und Schülern wünschen wir eine gute Vorbereitung auf das Abitur und viel Erfolg bei der Prüfung!

Ihr Autorenteam
Attila Furdek, Matthias Benkeser, Diana Dragmann

Zahlreiche Beispielaufgaben mit vollständigen Lösungen für beide Teile der mündlichen Prüfung finden Sie im Buch „Abiturprüfung Baden-Württemberg – Mathematik Basisfach".

Ausführliche Erläuterungen sowie viele weitere Übungsaufgaben finden Sie in den Abitur-Trainingsbänden:
- Abitur-Training Analysis
- Abitur-Training Analytische Geometrie
- Abitur-Training Stochastik

Analysis

1 Gleichungen

1.1 Quadratische Gleichungen

Die Lösungsformeln einer allgemeinen quadratischen Gleichung
$ax^2 + bx + c = 0$ $(a \neq 0)$ bzw. $x^2 + px + q = 0$ lauten:

$$x_{1;2} = \frac{-b \pm \sqrt{b^2 - 4ac}}{2a} \quad \text{bzw.} \quad x_{1;2} = -\frac{p}{2} \pm \sqrt{\left(\frac{p}{2}\right)^2 - q}$$

(abc-Formel) \qquad\qquad (pq-Formel)

Je nachdem, ob der Term unter der Wurzel (die Diskriminante) größer,
gleich oder kleiner 0 ist, hat die Gleichung zwei, eine oder keine Lösung.

1. $x^2 - 2x - 8 = 0$

$$x_{1;2} = \frac{-(-2) \pm \sqrt{(-2)^2 - 4 \cdot 1 \cdot (-8)}}{2 \cdot 1}$$

$$x_{1;2} = \frac{2 \pm \sqrt{36}}{2} = \frac{2 \pm 6}{2}$$

$$x_1 = \frac{2+6}{2} = 4; \quad x_2 = \frac{2-6}{2} = -2$$

$$x_{1;2} = -\frac{-2}{2} \pm \sqrt{\left(\frac{-2}{2}\right)^2 - (-8)}$$

$$x_{1;2} = 1 \pm \sqrt{9}$$

$$x_1 = 1+3 = 4; \quad x_2 = 1-3 = -2$$

2. $x^2 + 6x + 9 = 0$

$$x_{1;2} = \frac{-6 \pm \sqrt{6^2 - 4 \cdot 1 \cdot 9}}{2 \cdot 1}$$

$$x_{1;2} = \frac{-6 \pm \sqrt{0}}{2} = \frac{-6 \pm 0}{2}$$

$$x_{1;2} = -3$$

$$x_{1;2} = -\frac{6}{2} \pm \sqrt{\left(\frac{6}{2}\right)^2 - 9}$$

$$x_{1;2} = -3 \pm \sqrt{3^2 - 9} = -3 \pm 0$$

$$x_{1;2} = -3$$

3. $x^2 - 4x + 5 = 0$

$$x_{1;2} = \frac{-(-4) \pm \sqrt{(-4)^2 - 4 \cdot 1 \cdot 5}}{2 \cdot 1}$$

$$x_{1;2} = \frac{4 \pm \sqrt{-4}}{2}$$

$-4 < 0 \implies$ keine Lösung

$$x_{1;2} = -\frac{-4}{2} \pm \sqrt{\left(\frac{-4}{2}\right)^2 - 5}$$

$$x_{1;2} = 2 \pm \sqrt{-1}$$

$-1 < 0 \implies$ keine Lösung

Sonderfall

$x^2 = d$ (rein quadratische Gleichung)

Wenn $d > 0$ ist, dann gibt es zwei Lösungen: $x_{1;2} = \pm\sqrt{d}$

Wenn $d = 0$ ist, dann gibt es eine Lösung: $x = 0$

Wenn $d < 0$ ist, dann gibt es keine Lösung.

$x^2 = 9$	$x^2 = 5$	$x^2 = -2$
$x_{1;2} = \pm\sqrt{9}$	$x_{1;2} = \pm\sqrt{5}$ (exakt)	keine Lösung
$x_{1;2} = \pm 3$	$x_{1;2} \approx \pm 2,236$ (Näherungswerte)	

Alternativer Lösungsansatz:

Man kann z. B. die Gleichung $x^2 = 9$ als $x^2 + 0 \cdot x - 9 = 0$ schreiben und diese mit der abc-Formel oder der pq-Formel lösen.

1.2 Exponentialgleichungen

Eine Exponentialgleichung zur Basis e wird mithilfe des ln gelöst.

Es gelten folgende Rechenregeln:

$e^{-x} = \dfrac{1}{e^x}$ $e^0 = 1$ $e^{mx+c} \neq 0$ $e^{mx+c} > 0$

$\ln(1) = 0$ $\ln(e) = 1$

Für eine Gleichung der Form $e^{mx+c} = d$ gilt:

Wenn $d > 0$ ist, dann gibt es die Lösung $x = \dfrac{-c + \ln(d)}{m}$ ($m \neq 0$).

Wenn $d < 0$ oder $d = 0$ ist, dann gibt es keine Lösung.

1. $e^x = 5$

    $x = \ln(5)$

2. $e^{2x-1} = 3$

    $2x - 1 = \ln(3)$

      $2x = 1 + \ln(3)$

        $x = \dfrac{1 + \ln(3)}{2}$

3. $e^x = -1$

    keine Lösung

1.3 Nullprodukt

Oft lassen sich Gleichungen vereinfachen, indem man sie durch
Ausklammern auf ein „Nullprodukt" bringt.

Satz vom Nullprodukt
Ein Produkt ist genau dann gleich 0, wenn einer der Faktoren null ist:
$a \cdot b = 0 \Leftrightarrow a = 0$ oder $b = 0$

Man erhält alle Lösungen, indem man jeden Faktor gleich null setzt.

1. $x^2 - 6x = 0$
$x \cdot (x - 6) = 0$

$x = 0$ oder $x - 6 = 0$
$x_1 = 0$ $\qquad x_2 = 6$

2. $(e^{3x} - 7) \cdot (x^2 - 4) = 0$

$e^{3x} - 7 = 0$ oder $x^2 - 4 = 0$
$e^{3x} = 7$ $\qquad x^2 = 4$
$x_1 = \frac{\ln(7)}{3}$ $\qquad x_{2;3} = \pm\sqrt{4} = \pm 2$

3. $x^3 + 16x = 0$
$x \cdot (x^2 + 16) = 0$

$x = 0$ oder $x^2 + 16 = 0$
$\qquad\qquad\qquad x^2 = -16$ hat keine Lösung

Die einzige Lösung ist $x = 0$.

4. $(x^2 - 100) \cdot (e^{10x} - e) = 0$

$x^2 - 100 = 0$ oder $e^{10x} - e = 0$
$x^2 = 100$ $\qquad e^{10x} = e$
$x_{1;2} = \pm\sqrt{100}$ $\qquad x_3 = \frac{\ln(e)}{10} = \frac{1}{10}$
$x_{1;2} = \pm 10$

2 Elementare Funktionen und ihre Eigenschaften

2.1 Potenzfunktionen

Potenzfunktionen sind Funktionen der Form $f(x) = x^n$, wobei n eine natürliche Zahl ist. Die Graphen sind **Parabeln** (n-ter Ordnung).

Graphenverläufe

n gerade:

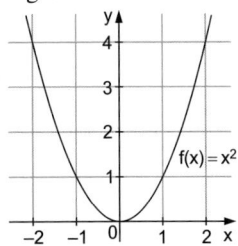 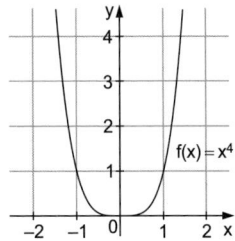

n ungerade:

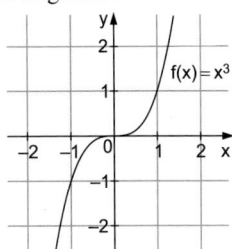 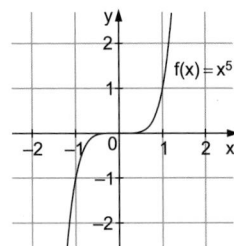

Wurzelfunktion

Die Funktion $f(x) = \sqrt{x}$ heißt Wurzelfunktion. Da unter dem Wurzelzeichen keine negative Zahl stehen darf, gilt $x \geq 0$.

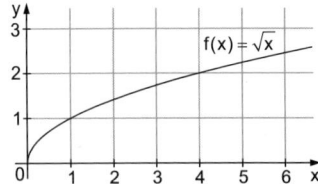

2.2 Ganzrationale Funktionen

Unter einer ganzrationalen Funktion (oder Polynomfunktion) vom Grad n versteht man eine Funktion der Form
$f(x) = a_n x^n + a_{n-1} x^{n-1} + \ldots + a_1 x + a_0$ mit $n \in \mathbb{N}$ und $a_n \neq 0$.

Die Werte $a_n, a_{n-1}, \ldots, a_1, a_0$ heißen Koeffizienten.
Die Nullstellen einer ganzrationalen Funktion können der Linearfaktorzerlegung entnommen werden (siehe auch Abschnitt 2.6).

$f(x) = (x - 2) \cdot (x + 1) \cdot (x - 1)$

$f(x) = 0$

$\Leftrightarrow \quad (x - 2) \cdot (x + 1) \cdot (x - 1) = 0$

Nullstellen bei $x = 2$, $x = -1$
und $x = 1$

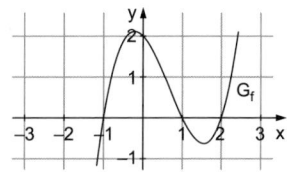

Wichtige Sonderfälle

Konstante Funktion:
$f(x) = c$
Der Graph ist eine Parallele
zur x-Achse.

Lineare Funktion:
$f(x) = mx + c$
Der Graph ist eine Gerade.

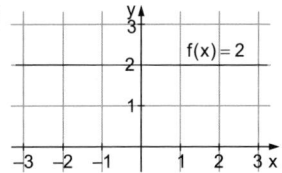

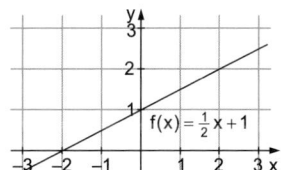

Quadratische Funktion:
$f(x) = ax^2 + bx + c$
Der Graph ist eine Parabel.

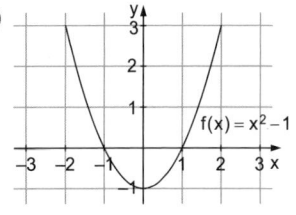

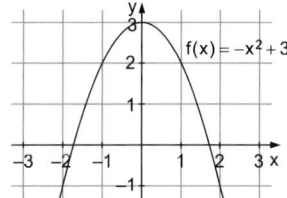

2.3 Sinus- und Kosinusfunktion (trigonometrische Funktionen)

Grundfunktionen sin x und cos x

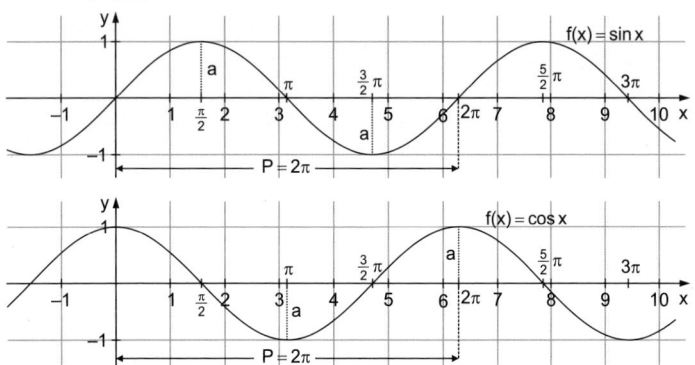

Für beide Funktionen gilt:
Die Periode beträgt 2π.
Der Abstand zwischen zwei benachbarten Nullstellen ist π.

Unter der allgemeinen Sinus- bzw. Kosinusfunktion versteht man
Funktionen der Form
$f(x) = a \cdot \sin(b \cdot (x - c)) + d$ bzw. $f(x) = a \cdot \cos(b \cdot (x - c)) + d$
mit $a \neq 0$, $b \neq 0$.

Bedeutung der Parameter (siehe auch Abschnitt 2.5)
a: bestimmt die Amplitude
b: bestimmt die Periode: $P = \frac{2\pi}{|b|}$
c: Verschiebung entlang der x-Achse
d: Verschiebung entlang der y-Achse

Nullstellen
Es gilt:
$\sin x = 0 \iff \dots,\ x = -2\pi,\ x = -\pi,\ x = 0,\ x = \pi,\ x = 2\pi,\ \dots$
$\cos x = 0 \iff \dots,\ x = -\frac{3}{2}\pi,\ x = -\frac{\pi}{2},\ x = \frac{\pi}{2},\ x = \frac{3}{2}\pi,\ \dots$

2.4 Natürliche Exponentialfunktion

- Die natürliche Exponentialfunktion lautet $f(x) = e^x$.
- $e^x > 0$ für jedes x.
- $e^x \neq 0$; die e-Funktion hat keine Nullstellen.
- $y = 0$ ist waagerechte Asymptote für $x \to -\infty$.

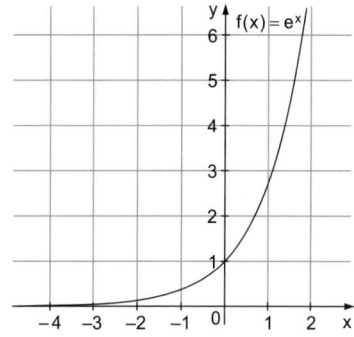

Bei der Untersuchung von Exponentialfunktionen müssen oft Exponential-gleichungen gelöst werden. Dabei spielt der natürliche Logarithmus ln eine wichtige Rolle, siehe Abschnitt 1.2.

1. Bestimmen Sie die Nullstelle der Funktion $f(x) = (x+1) \cdot e^x$.

$$f(x) = 0 \iff (x+1) \cdot e^x = 0$$
$$\iff x+1 = 0 \quad \text{oder} \quad e^x = 0$$
$$x = -1 \qquad \text{keine Lösung}$$

2. Skizzieren Sie den Graphen der Funktion $f(x) = -e^{-x-1} + 2$.

Ausgehend vom Graphen oben (siehe Abschnitt 2.5):

- Verschiebung um +1 in x-Richtung (nach rechts)
- Spiegelung an der y-Achse
- Spiegelung an der x-Achse
- Verschiebung um +2 in y-Richtung (nach oben)
- Waagerechte Asymptote $y = 2$

$$\lim_{x \to +\infty} (-e^{-x-1} + 2) = 2$$

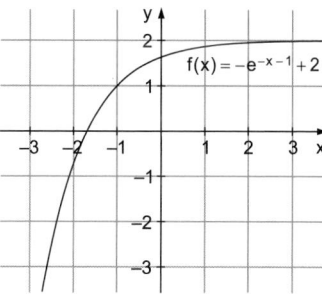

2.5 Entwicklung von Funktionen

Verschiebung eines Graphen in y-Richtung

Der Graph einer Funktion $g(x) = f(x) + d$ entsteht aus dem Graphen der Funktion f durch Verschiebung um $|d|$ Längeneinheiten in y-Richtung:
$f(x) \rightarrow f(x) + d$: $d > 0 \rightarrow$ Verschiebung nach oben
$\qquad\qquad\qquad d < 0 \rightarrow$ Verschiebung nach unten

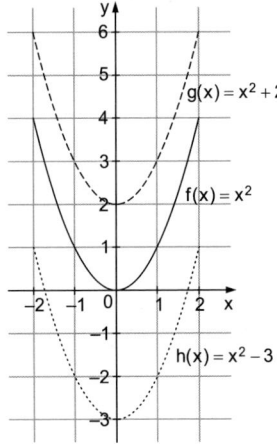

Verschiebung eines Graphen in x-Richtung

Der Graph einer Funktion $g(x) = f(x + c)$ entsteht aus dem Graphen der Funktion f durch Verschiebung um $|c|$ Längeneinheiten in x-Richtung:
$f(x) \rightarrow f(x + c)$: $c > 0 \rightarrow$ Verschiebung nach links
$\qquad\qquad\qquad c < 0 \rightarrow$ Verschiebung nach rechts

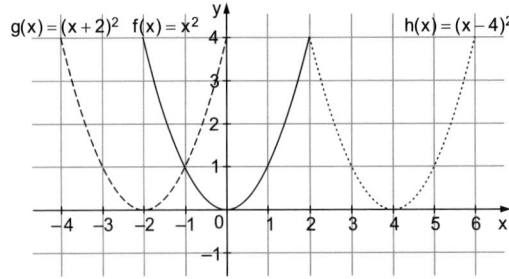

Streckung / Stauchung eines Graphen in y-Richtung

Der Graph einer Funktion $g(x) = a \cdot f(x)$ entsteht aus dem Graphen der
Funktion f durch vertikale Streckung / Stauchung mit dem Faktor $|a|$:

$f(x) \rightarrow a \cdot f(x)$ mit $a > 0$: $a > 1 \rightarrow$ Streckung

$ \; 0 < a < 1 \rightarrow$ Stauchung

$f(x) \rightarrow a \cdot f(x)$ mit $a < 0$:   zusätzliche Spiegelung an der x-Achse

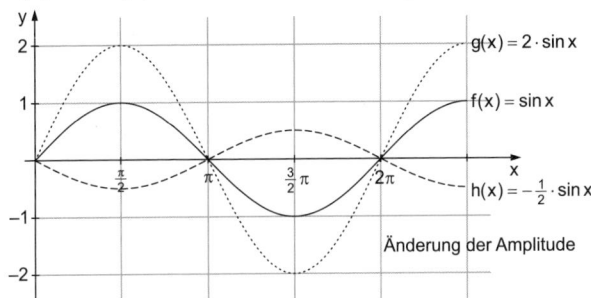

Streckung / Stauchung eines Graphen in x-Richtung

Der Graph einer Funktion $g(x) = f(b \cdot x)$ entsteht aus dem Graphen der
Funktion f durch horizontale Streckung / Stauchung mit dem Faktor $\left| \dfrac{1}{b} \right|$:

$f(x) \rightarrow f(b \cdot x)$ mit $b > 0$: $b > 1 \rightarrow$ Stauchung

$ \; 0 < b < 1 \rightarrow$ Streckung

$f(x) \rightarrow f(b \cdot x)$ mit $b < 0$:   zusätzliche Spiegelung an der y-Achse

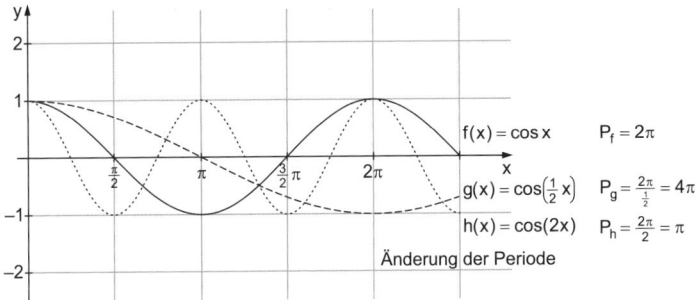

Durch Kombination der verschiedenen Änderungen kann man aus den
Grundfunktionen zahlreiche neue Funktionen erhalten.

2.6 Einfache und mehrfache Nullstellen

Einfache Nullstellen
Eine Funktion f hat an der Stelle x_0 eine einfache Nullstelle, wenn der Faktor $(x - x_0)$ in der Linearfaktorzerlegung ohne Hochzahl vorkommt.

Mehrfache Nullstellen
Eine Funktion f hat an der Stelle x_0 eine zweifache Nullstelle, wenn der Faktor $(x - x_0)^2$ in der Linearfaktorzerlegung erscheint; eine dreifache Nullstelle, wenn der Faktor $(x - x_0)^3$ erscheint; eine vierfache Nullstelle, wenn der Faktor $(x - x_0)^4$ erscheint usw.

einfache Nullstelle bei $x = 1$:

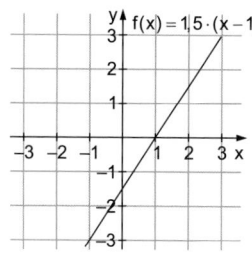

doppelte Nullstelle bei $x = 1$:

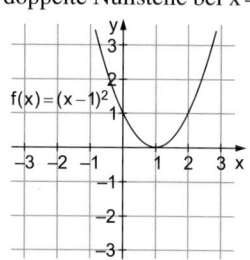

dreifache Nullstelle bei $x = 0$:

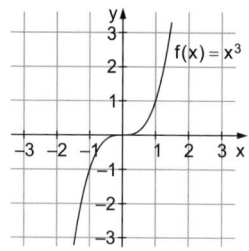

vierfache Nullstelle bei $x = -1$:

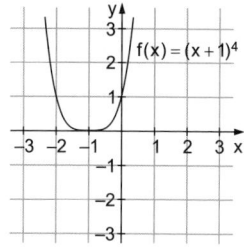

Bei mehrfachen Nullstellen ist die x-Achse Tangente zum Graphen im Punkt $(x_0 \mid 0)$. Der Punkt $(x_0 \mid 0)$ ist dann entweder ein Extrempunkt (bei gerader Hochzahl) oder ein Sattelpunkt (bei ungerader Hochzahl).

Nullstellen der Funktion $f(x) = 0{,}5x^4 \cdot (x - 2) \cdot (x + 3)^2$
$x = 0$: vierfache Nullstelle $x = 2$: einfache Nullstelle
$x = -3$: doppelte Nullstelle

2.7 Symmetrie

Der Graph einer Funktion ist
- **achsensymmetrisch** (bezüglich der y-Achse), wenn gilt:
  $f(-x) = f(x)$ für jedes x
- **punktsymmetrisch** (bezüglich des Ursprungs), wenn gilt:
  $f(-x) = -f(x)$ für jedes x

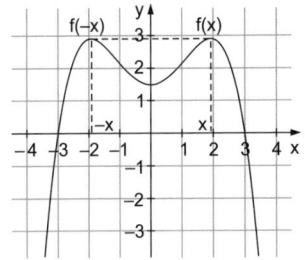

Achsensymmetrie   Punktsymmetrie

Rechnerisch überprüft man eine Funktion auf Symmetrie, indem man
$(-x)$ statt x in den Funktionsterm einsetzt und $f(-x)$ vereinfacht.

Symmetrieuntersuchung der Funktion $f(x) = -\frac{1}{10} x^2 (x^2 - 9)$:

$f(-x) = -\frac{1}{10}(-x)^2((-x)^2 - 9) = -\frac{1}{10} x^2 (x^2 - 9) = f(x)$

Der Graph ist achsensymmetrisch zur y-Achse.

Merkregel: Eine ganzrationale Funktion ist
- achsensymmetrisch, wenn die x-Terme nur mit geraden Hochzahlen im Funktionsterm vorkommen.
- punktsymmetrisch, wenn die x-Terme nur mit ungeraden Hochzahlen im Funktionsterm vorkommen und $f(x)$ kein konstantes Glied enthält.

$f(x) = 3x^5 - 4x^3$ ist punktsymmetrisch zum Ursprung, da alle Hochzahlen (5 und 3) ungerade sind.

$f(x) = 7x^7 - 3x^4 + 2$ ist weder achsensymmetrisch zur y-Achse noch punktsymmetrisch zum Ursprung, da sowohl gerade als auch ungerade Hochzahlen vorkommen.

3 Ableitung

Die Ableitung einer Funktion entspricht der Steigung der Tangente an den Graphen der Funktion.
Im Anwendungsbezug beschreibt die Ableitung die momentane Änderungsrate.

3.1 Ableitungen der Grundfunktionen

Es gilt die **Potenzregel**:

$$f(x) = x^k \implies f'(x) = k \cdot x^{k-1}$$

Ableitungen weiterer Grundfunktionen

$$f(x) = c \qquad \implies \quad f'(x) = 0$$

$$f(x) = \sin x \quad \implies \quad f'(x) = \cos x$$

$$f(x) = \cos x \quad \implies \quad f'(x) = -\sin x$$

$$f(x) = e^x \qquad \implies \quad f'(x) = e^x$$

1. $f(x) = x^4$

   $f'(x) = 4 \cdot x^{4-1} = 4x^3$

2. $f(x) = 3$

   $f'(x) = 0$

3. $g(x) = \sqrt{x} = x^{\frac{1}{2}}$

   $g'(x) = \frac{1}{2} \cdot x^{\frac{1}{2}-1} = \frac{1}{2} \cdot x^{-\frac{1}{2}} = \frac{1}{2\sqrt{x}}$

4. $h(x) = \frac{1}{x} = x^{-1}$

   $h'(x) = (-1) \cdot x^{-1-1} = -x^{-2} = -\frac{1}{x^2}$

3.2 Ableitungsregeln

Zum Ableiten komplexerer Funktionen benötigt man weitere Regeln.

Faktorregel

$f(x) = a \cdot u(x) \implies f'(x) = a \cdot u'(x)$

Summenregel

$f(x) = u(x) + v(x) \implies f'(x) = u'(x) + v'(x)$

Kettenregel

$f(x) = u(mx + c) \implies f'(x) = m \cdot u'(mx + c)$

Die wichtigsten Beispiele:

$f(x) = \sin(mx + c) \implies f'(x) = m \cdot \cos(mx + c)$

$f(x) = \cos(mx + c) \implies f'(x) = m \cdot (-\sin(mx + c))$

$f(x) = e^{mx + c} \implies f'(x) = m \cdot e^{mx + c}$

$f(x) = (mx + c)^k \implies f'(x) = k \cdot m \cdot (mx + c)^{k - 1}$

Produktregel

$f(x) = u(x) \cdot v(x) \implies f'(x) = u'(x) \cdot v(x) + u(x) \cdot v'(x)$

Faktorregel

$f(x) = 5\cos x$

$f'(x) = 5 \cdot (-\sin x) = -5\sin x$

Summenregel

$f(x) = \sin x + x^2$

$f'(x) = \cos x + 2x$

Kettenregel bei Sinusfunktion

$f(x) = \sin(\mathbf{3}x - 1)$ $\qquad g(x) = 5\sin(\mathbf{2}x + 3)$

$f'(x) = \mathbf{3}\cos(3x - 1)$ $\qquad g'(x) = 5 \cdot \mathbf{2}\cos(2x + 3) = 10\cos(2x + 3)$

Kettenregel bei Kosinusfunktion

$f(x) = \cos(\mathbf{4}x - 3)$ $\qquad g(x) = 2\cos(\mathbf{6}x + 7)$

$f'(x) = -\mathbf{4}\sin(4x - 3)$ $\qquad g'(x) = 2 \cdot \mathbf{6} \cdot (-\sin(6x + 7)) = -12\sin(6x + 7)$

Kettenregel bei e-Funktion

$f(x) = e^{\mathbf{5}x}$ $\qquad g(x) = 2e^{\mathbf{10}x}$

$f'(x) = \mathbf{5}e^{5x}$ $\qquad g'(x) = 2 \cdot \mathbf{10}e^{10x} = 20e^{10x}$

Kettenregel bei Klammer mit Hochzahl
$f(x) = (\mathbf{4}x + 7)^5$
$f'(x) = 5 \cdot \mathbf{4} \cdot (4x + 7)^4 = 20 \cdot (4x + 7)^4$

$g(x) = 3 \cdot (\mathbf{2}x - 1)^4$
$g'(x) = 3 \cdot 4 \cdot \mathbf{2} \cdot (2x - 1)^3 = 24 \cdot (2x - 1)^3$

 Produktregel
$f(x) = x^3 \cdot \sin(x)$
$f'(x) = (x^3)' \cdot \sin(x) + x^3 \cdot (\sin(x))' = 3x^2 \cdot \sin(x) + x^3 \cdot \cos(x)$

$g(x) = x^5 \cdot e^{2x}$
$g'(x) = (x^5)' \cdot e^{2x} + x^5 \cdot (e^{2x})' = 5x^4 \cdot e^{2x} + x^5 \cdot 2e^{2x}$

3.3 Tangente und Normale in einem Punkt des Graphen

 **Gleichung der Tangente**
Die Ableitung $f'(u)$ gibt die Steigung der Tangente an den Graphen von f im Punkt $P(u|f(u))$ an. Die Gleichung der Tangente in diesem Punkt lautet:
t: $y = f'(u) \cdot (x - u) + f(u)$

Gleichung der Normale
Die Normale im Punkt $P(u|f(u))$ ist die Senkrechte zur Tangente. Für ihre Gleichung gilt:
n: $y = -\dfrac{1}{f'(u)} \cdot (x - u) + f(u)$ mit $f'(u) \neq 0$

 Bestimmen Sie die Gleichung der Tangente im Punkt $P(1|2)$ an den Graphen der Funktion $f(x) = 2x^3$.

$f(u) = f(1) = 2$
$f'(x) = 6x^2 \;\Rightarrow\; f'(u) = f'(1) = 6$
t: $y = f'(1) \cdot (x - 1) + f(1)$
t: $y = 6 \cdot (x - 1) + 2$ oder $y = 6x - 4$

Alternativlösung:
t: $y = mx + c$ mit $m = f'(1) = 6 \;\Rightarrow\; y = 6x + c$
Punktprobe mit $P(1|2)$ liefert $2 = 6 \cdot 1 + c$, also $c = -4$.

Bestimmen Sie die Gleichung der Normale im Punkt $P(1\mid5)$ an den Graphen der Funktion $f(x) = 5x^2$.

$f(u) = f(1) = 5$

$f'(x) = 10x \quad \Rightarrow \quad f'(u) = f'(1) = 10 \quad$ und $\quad -\frac{1}{f'(u)} = -\frac{1}{10} = -0,1$

n: $y = -\frac{1}{f'(1)} \cdot (x-1) + f(1)$

n: $y = -0,1 \cdot (x-1) + 5 \quad$ oder $\quad y = -0,1x + 5,1$

Alternativlösung:

n: $y = mx + c \quad$ mit $\quad m = -\frac{1}{f'(1)} = -\frac{1}{10} = -0,1 \quad \Rightarrow \quad y = -0,1x + c$

Punktprobe mit $P(1\mid5)$ liefert $5 = -0,1 \cdot 1 + c$, also $c = 5,1$.

3.4 Grafisches Ermitteln der Steigung

Die Steigung lässt sich auch mithilfe eines Steigungsdreiecks ermitteln.

Vorgehensweise

Schritt 1: Einzeichnen der Tangente an den Graphen an der relevanten Stelle $x = x_0$ (*Hinweis:* Das Einzeichnen erfolgt näherungsweise.)

Schritt 2: Markieren eines geeigneten Steigungsdreiecks

Schritt 3: Ermitteln der Steigung nach der Formel $m = \frac{\Delta y}{\Delta x}$ (bei steigender Tangente) bzw. $m = -\frac{\Delta y}{\Delta x}$ (bei fallender Tangente)

Beachte: Mit Δx, Δy sind hier stets positive Differenzen gemeint.

 Bestimmen Sie die Steigung des abgebildeten Graphen

(1) an der Stelle $x = 2$;

(2) an der Stelle $x = 0$.

Schritt 1 und Schritt 2:

(1)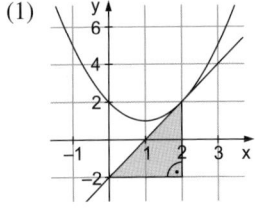

(2)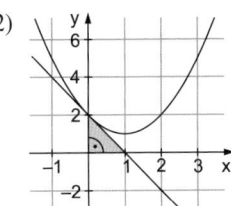

Schritt 3:

(1) steigende Tangente, also:

$$m = \frac{\Delta y}{\Delta x} = \frac{2-(-2)}{2-0} = \frac{4}{2} = 2$$

(2) fallende Tangente, also:

$$m = -\frac{\Delta y}{\Delta x} = -\frac{2-0}{1-0} = -2$$

Merke: Bei steigender Tangente ist die Steigung positiv, bei fallender Tangente ist die Steigung negativ.

3.5 Berührung zweier Graphen

Die Graphen der Funktionen f und g berühren sich im Punkt $B(x_0 | y_0)$, wenn gilt:

(I) $f(x_0) = g(x_0) = y_0$ (gemeinsamer Punkt)

und

(II) $f'(x_0) = g'(x_0)$ (gleiche Steigung)

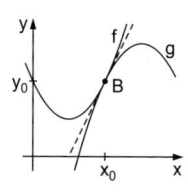

Beachte: Beide Bedingungen müssen erfüllt sein.

 1. Zeigen Sie, dass sich die Graphen von $f(x) = x^2$ und $g(x) = e^{4x-8} + 3$ im Punkt $B(2|4)$ berühren.

$f(2) = 2^2 = 4$ und $g(2) = e^{4 \cdot 2 - 8} + 3 = e^0 + 3 = 1 + 3 = 4$, also $f(2) = g(2) = 4$. Damit ist die Bedingung (I) erfüllt.

$f'(x) = 2x \qquad f'(2) = 2 \cdot 2 = 4$

$g'(x) = 4e^{4x-8} \qquad g'(2) = 4e^{4 \cdot 2 - 8} = 4e^0 = 4$

Also $f'(2) = g'(2)$. Damit ist die Bedingung (II) ebenfalls erfüllt.

2. Weisen Sie nach, dass sich die Graphen von $f(x) = e^x$ und $g(x) = x + 1$ berühren.

$f(x) = g(x)$ bedeutet $e^x = x + 1$ und $f'(x) = g'(x)$ bedeutet $e^x = 1$.

Die Gleichung $e^x = 1$ hat als Lösung $x = \ln(1) = 0$.

$f(0) = e^0 = 1$ und $g(0) = 0 + 1 = 1$, also $f(0) = g(0) = 1$.

Die Bedingung (I) ist erfüllt.

$f'(0) = e^0 = 1$ und $g'(0) = 1$, also $f'(0) = g'(0)$.

Damit ist die Bedingung (II) ebenfalls erfüllt.

Der Berührpunkt ist $B(0|1)$.

4 Eigenschaften von Funktionen und Graphen

Mithilfe des Graphen der Ableitungsfunktion können Rückschlüsse auf den Verlauf des Funktionsgraphen gezogen werden.

4.1 Monotonieverhalten

Rechnerische Untersuchung des Monotonieverhaltens

Ist der Funktionsterm gegeben, kann die Monotonie rechnerisch untersucht werden.

Monotoniekriterium
Eine Funktion f ist **steigend**, wenn ihre erste Ableitung f' **positiv** ist.
Eine Funktion f ist **fallend**, wenn ihre erste Ableitung f' **negativ** ist.

1. Zeigen Sie, dass $f(x) = x^3 + 2x$ überall steigend ist.
   $f'(x) = 3x^2 + 2 > 0$, da eine Quadratzahl stets größer gleich 0 ist.
   Damit ist $f'(x) > 0$ für jedes x und f ist überall steigend.

2. Zeigen Sie, dass $f(x) = 10x \cdot e^{-0,5x}$ für $x > 5$ fallend ist.
   $f'(x) = 10 \cdot e^{-0,5x} + 10x \cdot (-0,5) \cdot e^{-0,5x} = 10e^{-0,5x} - 2x \cdot e^{-0,5x}$

$$f'(x) < 0$$
$$10e^{-0,5x} - 2x \cdot e^{-0,5x} < 0 \quad |: e^{-0,5x} > 0$$
$$10 - 2x < 0 \quad | -10$$
$$-2x < -10 \quad |: (-2) < 0 \ (\text{aus} < \text{wird} >)$$
$$x > 5$$

Für $x > 5$ ist also $f'(x) < 0$ und damit ist f für $x > 5$ fallend.

Ermittlung des Monotonieverhaltens anhand des Graphen von f'

Die Monotonie einer Funktion kann auch anhand des Graphen der
Ableitung untersucht werden.

Monotoniekriterium
Eine Funktion f ist **steigend**, wenn der Graph ihrer Ableitung f' oberhalb der x-Achse verläuft.
Eine Funktion f ist **fallend**, wenn der Graph ihrer Ableitung f' unterhalb der x-Achse verläuft.

Die Abbildung zeigt den Graphen der
Ableitungsfunktion f' einer Funktion f.
Untersuchen Sie f auf Monotonie.

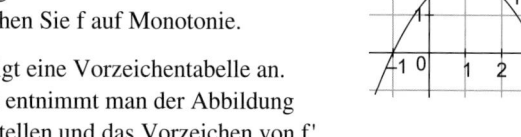

Man fertigt eine Vorzeichentabelle an.
Zunächst entnimmt man der Abbildung
die Nullstellen und das Vorzeichen von f'
und füllt die mittlere Zeile aus.
Anschließend folgert man auf die Monotonie von f (untere Zeile):

x		−1		3	
f'(x)	−	0	+	0	−
f(x)	↘		↗		↘

Aus der Tabelle folgt: Für $x < −1$ ist f fallend, für $−1 < x < 3$ ist f
steigend und für $x > 3$ ist f fallend.

4.2 Extrempunkte und Sattelpunkte

Extremstellen und Sattelstellen sind solche Stellen (also x-Werte), an
denen der Graph einer Funktion die Steigung null hat und damit der
Graph eine waagerechte Tangente besitzt. Ändert sich an dieser Stelle
das Monotonieverhalten von f (von steigend zu fallend oder umgekehrt),
liegt ein Extrempunkt vor, andernfalls ein Sattelpunkt.

Bestimmung von Extrempunkten mit einer Vorzeichentabelle

Art von Extrempunkten

Ist $f'(x_0) = 0$ und wechselt f' an der Stelle x_0 das Vorzeichen von − nach +, dann hat der Graph von f an der Stelle x_0 einen **Tiefpunkt**.

Ist $f'(x_0) = 0$ und wechselt f' an der Stelle x_0 das Vorzeichen von + nach −, dann hat der Graph von f an der Stelle x_0 einen **Hochpunkt**.

Die Abbildung zeigt den Graphen der Ableitungsfunktion f' einer Funktion f. Untersuchen Sie f auf Extrempunkte.

Man fertigt eine Vorzeichentabelle an. Zunächst entnimmt man der Abbildung die Nullstellen und das Vorzeichen von f' und füllt die mittlere Zeile aus. Anschließend folgert man auf die Monotonie von f (untere Zeile) und damit auf die Art der Extrempunkte:

x		−2		0		2	
f'(x)	−	0	+	0	−	0	+
f(x)	↘	T	↗	H	↘	T	↗

Aus der Tabelle folgt: Der Graph von f hat an der Stelle $x = -2$ einen Tiefpunkt, an der Stelle $x = 0$ einen Hochpunkt und an der Stelle $x = 2$ einen weiteren Tiefpunkt.

Bestimmung von Extrempunkten mithilfe der 2. Ableitung

Art von Extremwerten

Ist $f'(x_0) = 0$ und $f''(x_0) > 0$, so hat der Graph von f an der Stelle x_0 einen **Tiefpunkt**.

Ist $f'(x_0) = 0$ und $f''(x_0) < 0$, so hat der Graph von f an der Stelle x_0 einen **Hochpunkt**.

Vorgehensweise

Schritt 1: 1. und 2. Ableitung von f bestimmen

Schritt 2: Nullstellen der 1. Ableitung berechnen, d. h. Lösen der Gleichung $f'(x) = 0$

Schritt 3: Für jede Nullstelle x_0 der 1. Ableitung den Funktionswert $f''(x_0)$ berechnen und das Ergebnis auswerten

$f''(x_0) > 0$: Tiefpunkt bei x_0

$f''(x_0) < 0$: Hochpunkt bei x_0

$f''(x_0) = 0$: Tiefpunkt, Hochpunkt oder Sattelpunkt möglich.
Daher f' auf Vorzeichenwechsel bei x_0 überprüfen.

$f(x) = x^3 - 3x$

Schritt 1:

$f'(x) = 3x^2 - 3$

$f''(x) = 6x$

Schritt 2:

$f'(x) = 0$

$3x^2 - 3 = 0$

$3x^2 = 3$

$x^2 = 1$

$x_{1;2} = \pm 1$

Schritt 3:

1. Fall: $x = -1 \;\Rightarrow\; f''(-1) = -6 < 0$

Der Graph von f hat an der Stelle $x = -1$ den Hochpunkt
$H(-1 \,|\, f(-1)) = H(-1 \,|\, 2)$.

2. Fall: $x = 1 \;\Rightarrow\; f''(1) = 6 > 0$

Der Graph von f hat an der Stelle $x = 1$ den Tiefpunkt $T(1 \,|\, f(1)) = T(1 \,|\, -2)$.

Grafische Ermittlung der Nullstellen von f'

Ist der Graph einer Funktion f gegeben, kann man die Nullstellen der Ableitung daran ablesen. An den Stellen, an denen der Graph eine waagerechte Tangente besitzt, hat die erste Ableitung eine Nullstelle.

Die Abbildung zeigt den Graphen einer Funktion f.
Ermitteln Sie die Nullstellen der Ableitung f'.

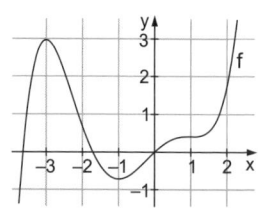

Man markiert in der Abbildung die
Stellen mit waagerechter Tangente.
Die Nullstellen von f' sind:
$x = -3$ (an dieser Stelle hat der Graph
von f einen Hochpunkt), $x = -1$ (an
dieser Stelle hat der Graph von f einen
Tiefpunkt) und $x = 1$ (an dieser Stelle
hat der Graph von f einen Sattelpunkt).

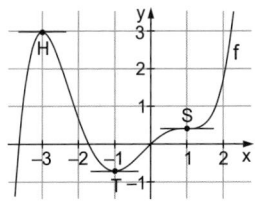

Merke: Punkte mit waagerechter Tangente sind Extrempunkte oder
Sattelpunkte.

4.3 Krümmungsverhalten, Wendepunkte

Der Graph einer Funktion f ist **rechtsgekrümmt** (wie ein Regenschirm),
wenn die **zweite Ableitung** f'' **negativ** ist.
Der Graph einer Funktion f ist **linksgekrümmt** (wie eine Regenrinne),
wenn die **zweite Ableitung** f'' **positiv** ist.

Wendestellen sind solche Stellen (also x-Werte), an denen der Graph
einer Funktion sein Krümmungsverhalten ändert (von einer Links-
kurve in eine Rechtskurve oder umgekehrt).

Wendepunkte
Ist $f''(x_0) = 0$ und wechselt f'' an der Stelle x_0 das Vorzeichen, so hat
der Graph von f an dieser Stelle einen Wendepunkt.
Ist $f''(x_0) = 0$ und $f'''(x_0) \neq 0$, dann ist $(x_0 \mid f(x_0))$ ein Wendepunkt.

Untersuchen Sie das Krümmungsverhalten des Graphen der Funktion
$f(x) = x^3 - 3x^2 + 2x + 2$.

$f'(x) = 3x^2 - 6x + 2$
$f''(x) = 6x - 6$

$f''(x) = 0$
$6x - 6 = 0$
$x - 1 = 0 \implies x = 1$

x		1	
f''(x)	–	0	+
f(x)	rechtsgekrümmt	W	linksgekrümmt

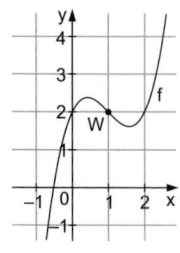

f''(x) ist negativ für $x < 1$ und positiv für $x > 1$.
Für $x < 1$ ist der Graph von f rechtsgekrümmt.
Für $x > 1$ ist der Graph von f linksgekrümmt.
An der Stelle $x = 1$ hat der Graph von f einen
Wendepunkt.

Ein **Sattelpunkt** (oder Terrassenpunkt) ist ein Wendepunkt mit
waagerechter Tangente.

$f(x) = x^3$

$f'(x) = 3x^2$

$f''(x) = 6x$

$f'''(x) = 6$

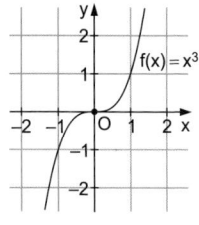

$f''(x) = 0 \ \Rightarrow \ 6x = 0 \ \Rightarrow \ x = 0$

$f'''(0) = 6 \neq 0 \ \Rightarrow$ Wendepunkt bei $x = 0$

Da außerdem $f'(0) = 0$ ist, ist der Punkt
O(0|0) ein Sattelpunkt.

Bestimmung von Wendestellen anhand des Graphen von f'

Die Extremstellen von f' sind die Wendestellen von f. Der Graph von f
hat also dort Wendepunkte, wo der Graph von f' Extrempunkte hat.

Die Abbildung zeigt den Graphen der
Ableitungsfunktion f' einer Funktion f.
Untersuchen Sie f auf Wendepunkte.

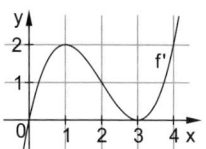

Der Graph von f' hat laut Abbildung
einen Hochpunkt an der Stelle $x = 1$
und einen Tiefpunkt an der Stelle $x = 3$.
Daher hat der Graph von f zwei Wendepunkte, einen bei $x = 1$ und
einen bei $x = 3$.

5 Integralrechnung

5.1 Stammfunktion

Eine Funktion F ist Stammfunktion der Funktion f, wenn gilt:
$F'(x) = f(x)$

Zeigen Sie, dass $F(x) = 4\sin(5x - 3)$ eine Stammfunktion von
$f(x) = 20\cos(5x - 3)$ ist.

$F'(x) = 4 \cdot 5\cos(5x - 3) = 20\cos(5x - 3) = f(x)$ ✓

Stammfunktionen der Grundfunktionen

$f(x) = x^k \quad \Rightarrow \quad F(x) = \frac{x^{k+1}}{k+1} = \frac{1}{k+1} \cdot x^{k+1} \quad (k \neq -1)$

$f(x) = c \quad \Rightarrow \quad F(x) = c \cdot x$

$f(x) = \sin x \quad \Rightarrow \quad F(x) = -\cos x$

$f(x) = \cos x \quad \Rightarrow \quad F(x) = \sin x$

$f(x) = e^x \quad \Rightarrow \quad F(x) = e^x$

1. $f(x) = x^4$
   $F(x) = \frac{x^5}{5} = \frac{1}{5}x^5$

2. $f(x) = 3$
   $F(x) = 3x$

Analog zur Ableitung gelten für Stammfunktionen die Faktorregel und
die Summenregel.

Faktorregel
$f(x) = k \cdot g(x) \quad \Rightarrow \quad F(x) = k \cdot G(x)$

Summenregel
$f(x) = g(x) + h(x) \quad \Rightarrow \quad F(x) = G(x) + H(x)$

$f(x) = 6x^2 + \cos(5x)$

Es ist sinnvoll, die Stammfunktionen der Summanden zunächst einzeln zu bilden:

$6x^2 \;\rightarrow\; \frac{6}{3} \cdot x^3 = 2x^3$

$\cos(5x) \;\rightarrow\; \frac{1}{5} \cdot \sin(5x)$

Damit ist $F(x) = 2x^3 + \frac{1}{5} \cdot \sin(5x)$.

Lineare Verkettungen mit mx + c (m $\neq$ 0)

$f(x) = \sin(mx + c) \;\Rightarrow\; F(x) = -\frac{1}{m} \cdot \cos(mx + c)$

$f(x) = \cos(mx + c) \;\Rightarrow\; F(x) = \frac{1}{m} \cdot \sin(mx + c)$

$f(x) = e^{mx + c} \;\Rightarrow\; F(x) = \frac{1}{m} \cdot e^{mx + c}$

$f(x) = (mx + c)^k \;\Rightarrow\; F(x) = \frac{1}{m} \cdot \frac{(mx + c)^{k + 1}}{k + 1} \quad (k \neq -1)$

 Lineare Verkettung bei Sinusfunktion

$f(x) = \sin(\mathbf{5}x + 2)$ $\qquad\qquad$ $g(x) = 8\sin(\mathbf{4}x - 3)$

$F(x) = -\frac{1}{\mathbf{5}} \cdot \cos(5x + 2)$ $\qquad$ $G(x) = -\frac{8}{\mathbf{4}} \cdot \cos(4x - 3) = -2\cos(4x - 3)$

 Lineare Verkettung bei Kosinusfunktion

$f(x) = \cos(\mathbf{2}x - 7)$ $\qquad\qquad$ $g(x) = 5\cos(\mathbf{0{,}5}x + 4)$

$F(x) = \frac{1}{\mathbf{2}} \cdot \sin(2x - 7)$ $\qquad$ $G(x) = \frac{5}{\mathbf{0{,}5}} \cdot \sin(0{,}5x + 4) = 10\sin(0{,}5x + 4)$

 Lineare Verkettung bei e-Funktion

$f(x) = e^{\mathbf{4}x}$ $\qquad\qquad\qquad\quad$ $g(x) = 6e^{\mathbf{2}x}$

$F(x) = \frac{1}{\mathbf{4}} \cdot e^{4x}$ $\qquad\qquad\quad$ $G(x) = \frac{6}{\mathbf{2}} \cdot e^{2x} = 3e^{2x}$

 Lineare Verkettung bei Klammer mit Hochzahl

$f(x) = (\mathbf{5}x - 1)^3$ $\qquad\qquad$ $g(x) = 30 \cdot (\mathbf{3}x + 2)^4$

$F(x) = \frac{1}{\mathbf{5}} \cdot \frac{(5x - 1)^4}{4} = \frac{(5x - 1)^4}{20}$ $\qquad$ $G(x) = 30 \cdot \frac{1}{\mathbf{3}} \cdot \frac{(3x + 2)^5}{5} = 2 \cdot (3x + 2)^5$

Ist eine zusätzliche Bedingung für die Stammfunktion gegeben (z. B. ein Punkt P, durch den der Graph der Stammfunktion verlaufen soll), wählt man den Ansatz $F(x) + c$ und bestimmt die Konstante c mithilfe der Bedingung (z. B. durch eine Punktprobe).

Beachte: Da eine Konstante beim Ableiten wegfällt, ist mit $F(x)$ auch $F(x) + c$ eine Stammfunktion der Funktion f.

 Bestimmen Sie diejenige Stammfunktion F von $f(x) = 8e^{4x}$, deren Graph durch den Punkt $P(0 \mid 5)$ geht.

$F(x) = 2e^{4x} + c$

$F(0) = 5$ ergibt:

$2e^{4 \cdot 0} + c = 5$

$2 \cdot 1 + c = 5$

$c = 3$

Die gesuchte Stammfunktion ist $F(x) = 2e^{4x} + 3$.

5.2 Zusammenhang zwischen den Graphen von F und f

Ebenso wie sich aus dem Graphen der Ableitung einer Funktion auf Eigenschaften des Graphen der Funktion schließen lässt, lässt sich vom Graphen einer Funktion auf Eigenschaften des Graphen einer Stammfunktion schließen.

Monotonie

 Die Stammfunktion F ist **steigend**, wenn f **positiv** ist, also der Graph von f oberhalb der x-Achse verläuft.
Die Stammfunktion F ist **fallend**, wenn f **negativ** ist, also der Graph von f unterhalb der x-Achse verläuft.

 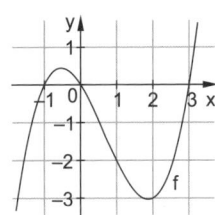 Die Abbildung zeigt den Graphen einer Funktion f. Untersuchen Sie eine Stammfunktion F auf Monotonie.

Man fertigt eine Vorzeichentabelle an. Zunächst entnimmt man der Abbildung die Nullstellen und das Vorzeichen von f und füllt die mittlere Zeile aus. Anschließend folgert man auf die Monotonie von F (untere Zeile):

x		−1		0		3	
F'(x) = f(x)	−	0	+	0	−	0	+
F(x)	↘		↗		↘		↗

Aus der Tabelle folgt: Für $x < -1$ ist F fallend, für $-1 < x < 0$ ist F steigend, für $0 < x < 3$ ist F fallend und für $x > 3$ ist F steigend.

Extrempunkte

Ist $f(x_0) = 0$ und wechselt f an der Stelle x_0 das Vorzeichen von − nach +, dann hat der Graph von F an der Stelle x_0 einen **Tiefpunkt**. Ist $f(x_0) = 0$ und wechselt f an der Stelle x_0 das Vorzeichen von + nach −, dann hat der Graph von F an der Stelle x_0 einen **Hochpunkt**.

Die Abbildung zeigt den Graphen einer Funktion f. Untersuchen Sie eine Stammfunktion F auf Extrempunkte.

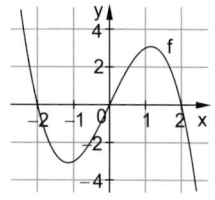

Man fertigt eine Vorzeichentabelle an. Zunächst entnimmt man der Abbildung die Nullstellen und das Vorzeichen von f und füllt die mittlere Zeile aus. Anschließend folgert man auf die Monotonie von F (untere Zeile) und damit auf die Art der Extrempunkte:

x		−2		0		2	
F'(x) = f(x)	+	0	−	0	+	0	−
F(x)	↗	H	↘	T	↗	H	↘

Aus der Tabelle folgt: Der Graph von F hat an der Stelle $x = -2$ einen Hochpunkt, an der Stelle $x = 0$ einen Tiefpunkt und an der Stelle $x = 2$ einen weiteren Hochpunkt.

Wendestellen

 Die Extremstellen von f sind Wendestellen von F.
Der Graph von F hat also an jenen Stellen Wendepunkte, an welchen
der Graph von f Extrempunkte hat.

Die Abbildung zeigt den Graphen
einer Funktion f. Untersuchen Sie eine
Stammfunktion F auf Wendepunkte.

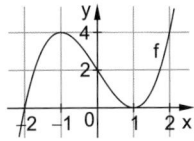

Der Graph von f hat laut Abbildung
einen Hochpunkt an der Stelle $x = -1$
und einen Tiefpunkt an der Stelle $x = 1$.
Daher hat der Graph von F zwei Wendepunkte, einen bei $x = -1$ und
einen bei $x = 1$.

5.3 Integral

 Jedes Integral ist eine Zahl, die etwas über den Inhalt der Flächen
zwischen dem Graphen einer Funktion und der x-Achse aussagt.
Es gilt:

$$\int_a^b f(x)\,dx = \left[F(x)\right]_a^b = F(b) - F(a), \text{ wobei F Stammfunktion von f ist.}$$

(Hauptsatz der Differenzial- und Integralrechnung)

Berechnung eines Integrals der Form $\int_a^b f(x)\,dx$

Vorgehensweise

Schritt 1: Stammfunktion F(x) von f(x) ermitteln

Schritt 2: Obere Grenze b und untere Grenze a in F einsetzen und die
Differenz F(b) – F(a) bilden

Berechnen Sie das Integral $\int_0^2 3e^{0,5x}\,dx$.

Schritt 1:

$F(x) = \dfrac{3}{0,5} \cdot e^{0,5x} = 6e^{0,5x}$

Schritt 2:

$$\int_0^2 3e^{0,5x}\,dx = \left[6e^{0,5x}\right]_0^2 = 6e^{0,5\cdot 2} - 6e^{0,5\cdot 0} = 6e^1 - 6e^0 = 6e - 6$$

Berechnung der oberen oder unteren Grenze eines Integrals

Manchmal ist der Wert eines Integrals gegeben und gesucht wird die obere oder untere Grenze.

Vorgehensweise

Schritt 1: Integral wie üblich berechnen; dabei die obere Grenze b bzw. die untere Grenze a wie eine Unbekannte behandeln

Schritt 2: Erhaltenen Term mit dem gegebenen Wert des Integrals gleichsetzen und Gleichung nach der Unbekannten a bzw. b auflösen

1. Ermitteln Sie die untere Grenze a, wenn $\int_a^3 3x^2\,dx = 26$ gilt.

   Schritt 1:
   Man berechnet das Integral auf der linken Seite der Gleichung:

   $$\int_a^3 3x^2\,dx = \left[x^3\right]_a^3 = 3^3 - a^3 = 27 - a^3$$

   Schritt 2:
   Man verwendet die Angabe, dass das Integral gleich 26 ist:
   $$27 - a^3 = 26 \;\Rightarrow\; a^3 = 1 \;\Rightarrow\; a = 1$$

2. Ermitteln Sie eine obere Grenze b, wenn $\int_{-1}^b 4x^3\,dx = 15$ gilt.

   Schritt 1:
   Man berechnet das Integral auf der linken Seite der Gleichung:

   $$\int_{-1}^b 4x^3\,dx = \left[x^4\right]_{-1}^b = b^4 - (-1)^4 = b^4 - 1$$

   Schritt 2:
   Man verwendet die Angabe, dass das Integral gleich 15 ist:
   $$b^4 - 1 = 15 \;\Rightarrow\; b^4 = 16$$
   Damit ist b = 2 eine passende obere Grenze des Integrals.

Grafische Bestimmung eines Integrals

Ist der Graph einer Stammfunktion F gegeben, lässt sich mithilfe des

Hauptsatzes $\int_{a}^{b} f(x)\,dx = F(b) - F(a)$ ein Integral über f(x) auch anhand

des Graphen von F ermitteln.

Die Abbildung zeigt den Graphen einer
Stammfunktion F einer Funktion f.

Ermitteln Sie das Integral $\int_{-1}^{1} f(x)\,dx$.

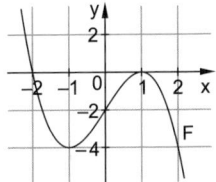

Nach dem Hauptsatz gilt:

$$\int_{-1}^{1} f(x)\,dx = F(1) - F(-1)$$

Man liest die Werte der Stammfunktion am Graphen ab und erhält:

$$\int_{-1}^{1} f(x)\,dx = F(1) - F(-1) = 0 - (-4) = 4$$

Eine Stammfunktion von f' ist f, da f abgeleitet f' ergibt.

Die Abbildung zeigt den Graphen einer

Funktion f. Ermitteln Sie $\int_{0}^{2} f'(x)\,dx$.

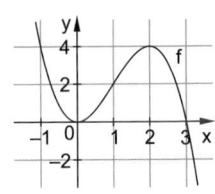

$$\int_{0}^{2} f'(x)\,dx = f(2) - f(0) = 4 - 0 = 4$$

5.4 Flächenberechnungen mit Integral

Berechnung des Flächeninhalts zwischen Graph und x-Achse

Schließen der Graph einer Funktion f und die x-Achse eine Fläche ein,
wird zur Berechnung des Flächeninhalts ein Integral über f(x) verwendet.
Dabei muss untersucht werden, ob die (Teil-)Flächen oberhalb oder
unterhalb der x-Achse liegen; im letzteren Fall arbeitet man mit Betrag.

Vorgehensweise

Schritt 1: Ermitteln der Nullstellen der Funktion f; diese werden die Grenzen eines Integrals

Schritt 2: Untersuchen, ob der Graph von f zwischen zwei aufeinander-folgenden Nullstellen oberhalb oder unterhalb der x-Achse verläuft (z. B. anhand einer Skizze), und das passende Integral aufschreiben:

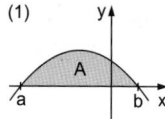

(1)

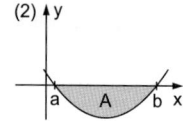

(2)

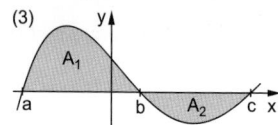

(3)

Für den Flächen-
inhalt gilt:

$$A = \int_a^b f(x)\,dx$$

Für den Flächen-
inhalt gilt:

$$A = \left| \int_a^b f(x)\,dx \right|$$

Für den Flächeninhalt gilt:

$$A = A_1 + A_2$$
$$= \int_a^b f(x)\,dx + \left| \int_b^c f(x)\,dx \right|$$

Schritt 3: Berechnen des entsprechenden Integrals bzw. der Integrale

Beachte: Es ist denkbar, dass nur das Aufstellen eines Terms mit Integral verlangt wird. In diesem Fall entfällt Schritt 3.

Berechnen Sie jeweils den Inhalt A der Fläche, die der Graph der Funktion f mit der x-Achse einschließt.

1. $f(x) = -3x^2 + 12$

   Schritt 1:
   $f(x) = 0 \;\Rightarrow\; -3x^2 + 12 = 0 \;\Rightarrow\; x^2 = 4 \;\Rightarrow\; x_{1,2} = \pm 2$

   Schritt 2:
   Für die Stelle $x = 0$ zwischen den Nullstellen $x_1 = -2$ und $x_2 = 2$ gilt $f(0) = 12 > 0$. Dies bedeutet: Der Graph verläuft in diesem Bereich oberhalb der x-Achse (ähnlich wie in Fall (1) oben), daher gilt:

   $$A = \int_{-2}^{2} f(x)\,dx$$

   Schritt 3:
   $$A = \int_{-2}^{2} (-3x^2 + 12)\,dx = \left[-x^3 + 12x \right]_{-2}^{2}$$
   $$= (-2^3 + 12 \cdot 2) - (-(-2)^3 + 12 \cdot (-2)) = 16 - (-16) = 32$$

2. $f(x) = x^2 - 5x + 4$

   Schritt 1:

   $f(x) = 0 \implies x^2 - 5x + 4 = 0 \implies x_{1;2} = \frac{5 \pm \sqrt{5^2 - 4 \cdot 1 \cdot 4}}{2 \cdot 1} = \frac{5 \pm 3}{2}$

   $\implies x_1 = 1; \; x_2 = 4$

   Schritt 2:

   Für die Stelle $x = 2$ zwischen den Nullstellen $x_1 = 1$ und $x_2 = 4$ gilt $f(2) = -2 < 0$. Dies bedeutet: Der Graph verläuft in diesem Bereich unterhalb der x-Achse (ähnlich wie in Fall (2) oben), daher gilt:

   $$A = \left| \int\limits_1^4 f(x)\, dx \right|$$

   Schritt 3:

   $$A = \left| \int\limits_1^4 (x^2 - 5x + 4)\, dx \right| = \left| \left[\frac{x^3}{3} - \frac{5}{2}x^2 + 4x \right]_1^4 \right| = \left| -\frac{8}{3} - \frac{11}{6} \right|$$
   $$= |-4,5| = 4,5$$

Beachte: Ist nur das Aufstellen eines Terms für den Flächeninhalt verlangt, entfällt Schritt 3.

 Stellen Sie einen Term auf für den Inhalt der Fläche, die der Graph der Funktion $f(x) = \sin x$ im Bereich $-\pi \le x \le \pi$ mit der x-Achse einschließt.

Schritt 1:

$f(x) = 0 \implies \sin(x) = 0$

Im Bereich $-\pi \le x \le \pi$ gibt es die Nullstellen $x_1 = -\pi$, $x_2 = 0$ und $x_3 = \pi$.

Schritt 2:

Die Sinusfunktion verläuft zwischen $x_1 = -\pi$ und $x_2 = 0$ unterhalb der x-Achse und zwischen $x_2 = 0$ und $x_3 = \pi$ oberhalb der x-Achse. Daraus folgt:

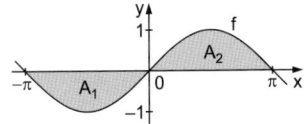

$$A = A_1 + A_2 = \left| \int\limits_{-\pi}^0 \sin x\, dx \right| + \int\limits_0^\pi \sin x\, dx$$

Berechnung eines Flächeninhalts zwischen zwei Graphen

Schließen die Graphen zweier Funktionen f und g eine Fläche ein, muss zur Berechnung des Flächeninhalts über die Differenz von f(x) und g(x) integriert werden. Dabei muss beachtet werden, welcher Graph im jeweiligen Bereich oberhalb des anderen verläuft.

Vorgehensweise

Schritt 1: Ermitteln der Schnittstellen der beiden Funktionen f und g; diese werden die Grenzen eines Integrals

Schritt 2: Untersuchen, welcher der zwei Graphen zwischen den Schnittstellen oberhalb des anderen Graphen verläuft (z. B. anhand einer Skizze), und das passende Integral aufschreiben:

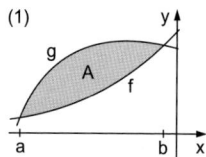

Für den Flächeninhalt gilt:

$$A = \int_{a}^{b} (g(x) - f(x)) \, dx$$

Für den Flächeninhalt gilt:

$$A = \int_{a}^{b} (f(x) - g(x)) \, dx$$

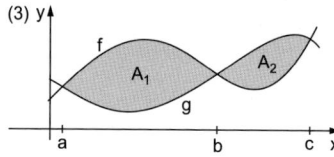

Für den Flächeninhalt gilt:

$$A = A_1 + A_2 = \int_{a}^{b} (f(x) - g(x)) \, dx + \int_{b}^{c} (g(x) - f(x)) \, dx$$

Schritt 3: Berechnen des entsprechenden Integrals bzw. der Integrale

Beachte: Es ist denkbar, dass nur das Aufstellen eines Terms mit Integral verlangt wird. In diesem Fall entfällt Schritt 3.

1. Berechnen Sie den Inhalt A der Fläche, die die Graphen von
   $f(x) = 3x^2$ und $g(x) = 6x$ einschließen.

Schritt 1:

$f(x) = g(x) \implies 3x^2 = 6x \implies 3x(x-2) = 0 \implies x_1 = 0; \; x_2 = 2$

Schritt 2:

Für die Stelle $x = 1$ zwischen den Schnittstellen $x_1 = 0$ und $x_2 = 2$ gilt $f(1) = 3$ und $g(1) = 6$, also $g(1) > f(1)$. Dies bedeutet: Der Graph von g verläuft in diesem Bereich oberhalb des Graphen von f (ähnlich wie in Fall (1) oben), daher gilt:

$$A = \int_0^2 (g(x) - f(x)) \, dx$$

Schritt 3:

$$A = \int_0^2 (6x - 3x^2) \, dx = \left[3x^2 - x^3 \right]_0^2 = (3 \cdot 2^2 - 2^3) - (3 \cdot 0^2 - 0^3) = 4$$

2. Die Graphen von f und g schließen eine Fläche ein. Stellen Sie einen Term für den Flächeninhalt auf.

$f(x) = x^3 - 2x; \; g(x) = x^2$

Schritt 1:

$f(x) = g(x) \implies x^3 - 2x = x^2 \implies x(x^2 - x - 2) = 0$

$\qquad\qquad\qquad\qquad\qquad x_1 = 0 \text{ oder } x^2 - x - 2 = 0$

Die quadratische Gleichung hat die Lösungen $x_2 = -1$ und $x_3 = 2$.

Schritt 2:

Für die Stelle $x = -0,5$ zwischen den Schnittstellen -1 und 0 gilt $f(-0,5) = 0,875$ und $g(-0,5) = 0,25$, also $f(-0,5) > g(-0,5)$. Der Graph von f verläuft in diesem Bereich also oberhalb des Graphen von g. Für die Stelle $x = 1$ zwischen den Schnittstellen 0 und 2 gilt $f(1) = -1$ und $g(1) = 1$, also $g(1) > f(1)$. Der Graph von g verläuft in diesem Bereich also oberhalb des Graphen von f. Insgesamt liegen die Graphen ähnlich wie im Fall (3), daher lässt sich der gesamte Flächeninhalt mit folgendem Ansatz ermitteln:

$$A = A_1 + A_2 = \int_{-1}^0 (f(x) - g(x)) \, dx + \int_0^2 (g(x) - f(x)) \, dx$$

5.5 Von der momentanen Änderungsrate zum Bestand

Das Integral über die Geschwindigkeit ist der zurückgelegte Weg.

 Charly fährt mit seinem Auto mit der Geschwindigkeit $120 \frac{km}{h}$.
Welche Strecke legt er in den ersten drei Stunden zurück?

Elementare Lösung:

$3\,h \cdot 120 \frac{km}{h} = 360\,km$

Lösung mit Integral:
Man kann die Rechnung $3 \cdot 120$ als Flächeninhalt eines Rechtecks veranschaulichen.
Mit der Funktion $f(t) = 120$ lässt sich dieser
auch mit einem Integral berechnen:

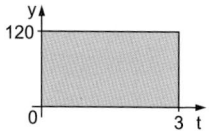

$$\int\limits_0^3 f(t)\,dt = \int\limits_0^3 120\,dt = [120t]_0^3 = 120 \cdot 3 - 120 \cdot 0 = 360$$

Das Ergebnis aus dem ersten Lösungsweg wurde bestätigt.

Geschwindigkeit ist ein Sonderfall einer momentanen Änderungsrate.
Für eine beliebige momentane Änderungsrate $f(t)$ gilt:

 Das Integral über die momentane Änderungsrate ergibt den Bestand:

$$B(t) = B(0) + \int\limits_0^t f(x)\,dx \quad \text{Bestandsfunktion mit Anfangsbestand } B(0)$$

Beachte: Die momentane Änderungsrate kann auch anders heißen,
wie z. B. Zuwachsrate, Zerfallsrate, Geschwindigkeit usw.

 1. Der Graph von f in der Abbildung zeigt
die momentane Änderungsrate der Temperatur eines Tiefkühlprodukts, das gerade
aus dem Gefrierschrank entnommen wurde
(y in °C pro Stunde, t in Stunden).
Ermitteln Sie, um wie viel °C die Temperatur in den ersten zwei Stunden zunimmt.

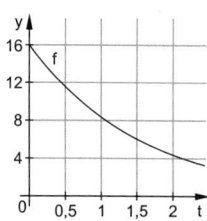

Man muss $\int_{0}^{2} f(t)\,dt$ ermitteln.

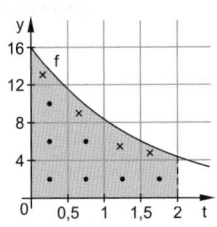

Da man keinen Funktionsterm hat, muss man „Kästchen zählen". Es sind 7 volle oder fast volle Kästchen (mit je einem • markiert) und noch 4 Teilkästchen (mit je einem x markiert). Die Teilkästchen kann man als halbe Kästchen auffassen.

Die Fläche entspricht ca. $7 + 4 \cdot 0,5 = 9$ vollen Kästchen.

Ein Kästchen hat den Flächeninhalt $0,5 \cdot 4 = 2$.

Damit beträgt der Gesamtflächeninhalt etwa $9 \cdot 2 = 18$.

Die Temperatur nimmt also um etwa 18 °C zu.

2. Ein Unterseeboot befindet sich zu Beginn der Beobachtung in 50 m Tiefe. Seine Sinkgeschwindigkeit wird in den ersten 12 Minuten durch die Funktion f mit $f(t) = 4\sin(0{,}25t)$ beschrieben (f(t) in Meter pro Minute, Zeit t in Minuten, $t = 0$ entspricht dem Beobachtungsbeginn).

   Berechnen Sie, welche Tiefe das Unterseeboot nach 10 Minuten erreicht. Runden Sie auf ganze Meter.

Der Ansatz lautet: $50 + \int_{0}^{10} f(t)\,dt$

Man ermittelt zunächst eine Stammfunktion und anschließend das Integral:

$$F(t) = \frac{4}{0,25} \cdot (-\cos(0,25t)) = -16\cos(0,25t)$$

$$\int_{0}^{10} f(t)\,dt = F(10) - F(0) \approx 12,82 - (-16) = 28,82 \approx 29$$

$50 + 29 = 79$

Das Unterseeboot erreicht nach 10 Minuten eine Tiefe von knapp 79 Meter.

Analytische Geometrie

1 Vektoren

1.1 Grundlagen

Ein Vektor $\vec{a}$ ist durch seine Länge und seine Richtung festgelegt und kann anschaulich als Pfeil dargestellt werden.
Einen Vektor, der den Ursprung mit einem Punkt A verbindet, nennt man **Ortsvektor**; Bezeichnung: $\overrightarrow{OA}$ oder $\vec{a}$
Den Pfeil, der von A nach B zeigt, nennt man auch **Verbindungs-vektor**; Bezeichnung: $\overrightarrow{AB}$

Vektor durch zwei Punkte
Für die Punkte $A(a_1 \,|\, a_2 \,|\, a_3)$ und $B(b_1 \,|\, b_2 \,|\, b_3)$ gilt:
$$\overrightarrow{AB} = \begin{pmatrix} b_1 - a_1 \\ b_2 - a_2 \\ b_3 - a_3 \end{pmatrix}$$

Für $A(4\,|\,-1\,|\,2)$ und $B(7\,|\,3\,|\,9)$ gilt: $\overrightarrow{AB} = \begin{pmatrix} 7-4 \\ 3-(-1) \\ 9-2 \end{pmatrix} = \begin{pmatrix} 3 \\ 4 \\ 7 \end{pmatrix}$

Betrag eines Vektors
Für die Länge bzw. den Betrag des Vektors $\vec{x} = \begin{pmatrix} x_1 \\ x_2 \\ x_3 \end{pmatrix}$ gilt:
$$|\vec{x}| = \sqrt{x_1^2 + x_2^2 + x_3^2}$$

Abstand zweier Punkte / Länge einer Strecke
Für den Abstand zweier Punkte $A(a_1 \,|\, a_2 \,|\, a_3)$ und $B(b_1 \,|\, b_2 \,|\, b_3)$, für die Länge der Strecke $\overline{AB}$ und für den Betrag des Vektors $\overrightarrow{AB}$ gilt:
$$|\overline{AB}| = |\overrightarrow{AB}| = \sqrt{(b_1 - a_1)^2 + (b_2 - a_2)^2 + (b_3 - a_3)^2}$$

Für den Betrag des Vektors $\vec{x} = \begin{pmatrix} -2 \\ 1 \\ 2 \end{pmatrix}$ gilt:
$$|\vec{x}| = \sqrt{(-2)^2 + 1^2 + 2^2} = \sqrt{9} = 3$$

Für den Abstand der Punkte $A(6\,|\,7\,|\,4)$ und $B(9\,|\,3\,|\,4)$ gilt:
$$|\overline{AB}| = |\overrightarrow{AB}| = \sqrt{(9-6)^2 + (3-7)^2 + (4-4)^2} = \sqrt{25} = 5$$

Mittelpunkt einer Strecke

Für den Mittelpunkt M der Strecke $\overline{AB}$ durch die Punkte $A(a_1 \mid a_2 \mid a_3)$ und $B(b_1 \mid b_2 \mid b_3)$ gilt:

$$M\left(\frac{a_1 + b_1}{2} \,\middle|\, \frac{a_2 + b_2}{2} \,\middle|\, \frac{a_3 + b_3}{2}\right)$$

 Für $A(5 \mid 7 \mid 4)$ und $B(9 \mid 1 \mid 2)$ lautet der Mittelpunkt der Strecke $\overline{AB}$:

$$M\left(\frac{5+9}{2} \,\middle|\, \frac{7+1}{2} \,\middle|\, \frac{4+2}{2}\right) = M(7 \mid 4 \mid 3)$$

1.2 Skalarprodukt

Das Skalarprodukt $\vec{a} \circ \vec{b}$ zweier Vektoren $\vec{a}$ und $\vec{b}$ ist eine Zahl und wird folgendermaßen berechnet:

$$\vec{a} \circ \vec{b} = \begin{pmatrix} a_1 \\ a_2 \\ a_3 \end{pmatrix} \circ \begin{pmatrix} b_1 \\ b_2 \\ b_3 \end{pmatrix} = a_1 b_1 + a_2 b_2 + a_3 b_3$$

$$\vec{a} = \begin{pmatrix} 2 \\ -1 \\ 5 \end{pmatrix}, \quad \vec{b} = \begin{pmatrix} 3 \\ 7 \\ 4 \end{pmatrix}$$

$$\vec{a} \circ \vec{b} = \begin{pmatrix} 2 \\ -1 \\ 5 \end{pmatrix} \circ \begin{pmatrix} 3 \\ 7 \\ 4 \end{pmatrix} = 2 \cdot 3 + (-1) \cdot 7 + 5 \cdot 4 = 6 - 7 + 20 = 19$$

Mithilfe des Skalarprodukts lässt sich

- prüfen, ob zwei Vektoren $\vec{a}$ und $\vec{b}$ senkrecht zueinander sind:
  $$\vec{a} \perp \vec{b} \iff \vec{a} \circ \vec{b} = 0$$

- der Winkel φ zwischen zwei Vektoren $\vec{a}$ und $\vec{b}$ berechnen:
  $$\cos\varphi = \frac{\vec{a} \circ \vec{b}}{|\vec{a}| \cdot |\vec{b}|}$$

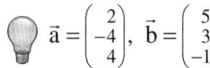

$$\vec{a} = \begin{pmatrix} 2 \\ -4 \\ 4 \end{pmatrix}, \quad \vec{b} = \begin{pmatrix} 5 \\ 3 \\ -1 \end{pmatrix}$$

Orthogonalität:

$$\vec{a} \circ \vec{b} = \begin{pmatrix} 2 \\ -4 \\ 4 \end{pmatrix} \circ \begin{pmatrix} 5 \\ 3 \\ -1 \end{pmatrix} = 2 \cdot 5 + (-4) \cdot 3 + 4 \cdot (-1) = -6 \neq 0$$

Da das Skalarprodukt nicht null ist, sind die Vektoren *nicht* senkrecht.

Winkel:

$$\cos \varphi = \frac{2 \cdot 5 + (-4) \cdot 3 + 4 \cdot (-1)}{\sqrt{2^2 + (-4)^2 + 4^2} \cdot \sqrt{5^2 + 3^2 + (-1)^2}} = \frac{-6}{\sqrt{36} \cdot \sqrt{35}} = \frac{-6}{6 \cdot \sqrt{35}} = -\frac{1}{\sqrt{35}}$$

$$\Rightarrow \quad \varphi = \cos^{-1}\left(-\frac{1}{\sqrt{35}}\right) \approx 99,73°$$

1.3 Vektorprodukt

Für das Vektorprodukt (auch: Kreuzprodukt) $\vec{a} \times \vec{b}$ zweier Vektoren
$\vec{a} = \begin{pmatrix} a_1 \\ a_2 \\ a_3 \end{pmatrix}$ und $\vec{b} = \begin{pmatrix} b_1 \\ b_2 \\ b_3 \end{pmatrix}$ gilt:

$$\vec{a} \times \vec{b} = \begin{pmatrix} a_1 \\ a_2 \\ a_3 \end{pmatrix} \times \begin{pmatrix} b_1 \\ b_2 \\ b_3 \end{pmatrix} = \begin{pmatrix} a_2 b_3 - a_3 b_2 \\ a_3 b_1 - a_1 b_3 \\ a_1 b_2 - a_2 b_1 \end{pmatrix}$$

Das Ergebnis ist ein Vektor, der senkrecht auf $\vec{a}$ und $\vec{b}$ steht, also:
Für $\vec{c} = \vec{a} \times \vec{b}$ gilt: $\vec{c} \perp \vec{a}$ und $\vec{c} \perp \vec{b}$

Die Rechentechnik kann man sich so merken:

$$
\begin{array}{cc}
a_1 & b_1 \\
a_2 & b_2 \\
a_3 & b_3 \\
a_1 & b_1 \\
a_2 & b_2 \\
a_3 & b_3
\end{array}
\qquad
\begin{array}{l}
a_2 \cdot b_3 - a_3 \cdot b_2 \\
a_3 \cdot b_1 - a_1 \cdot b_3 \\
a_1 \cdot b_2 - a_2 \cdot b_1
\end{array}
$$

$\vec{a} = \begin{pmatrix} -1 \\ 6 \\ 2 \end{pmatrix}$, $\vec{b} = \begin{pmatrix} 2 \\ 5 \\ 1 \end{pmatrix}$

$$
\begin{array}{cc}
-1 & 2 \\
6 & 5 \\
2 & 1 \\
-1 & 2 \\
6 & 5 \\
-2 & 1
\end{array}
\qquad
\begin{array}{l}
6 \cdot 1 - 2 \cdot 5 = 6 - 10 = -4 \\
2 \cdot 2 - (-1) \cdot 1 = 4 + 1 = 5 \\
(-1) \cdot 5 - 6 \cdot 2 = -5 - 12 = -17
\end{array}
$$

Also $\vec{a} \times \vec{b} = \begin{pmatrix} -4 \\ 5 \\ -17 \end{pmatrix}$.

2 Geraden und Ebenen

2.1 Geraden

- Zwei Punkte A und B bestimmen eine Gerade g mit der Gleichung:

  g: $\vec{x} = \overrightarrow{OA} + t \cdot \overrightarrow{AB}$

- Ein Punkt A und ein Vektor ü bestimmen eine Gerade h mit der Gleichung:

  h: $\vec{x} = \overrightarrow{OA} + r \cdot \vec{u}$

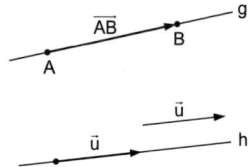

Dabei heißt A Stützpunkt und $\overrightarrow{AB}$ bzw. ü Richtungsvektor der Geraden.

 Gleichung der Geraden g durch die Punkte A(1|7|4) und B(9|3|5):

g: $\vec{x} = \overrightarrow{OA} + t \cdot \overrightarrow{AB}$

g: $\vec{x} = \begin{pmatrix} 1 \\ 7 \\ 4 \end{pmatrix} + t \cdot \begin{pmatrix} 8 \\ -4 \\ 1 \end{pmatrix}$

Um zu prüfen, ob ein Punkt auf einer Geraden liegt, führt man eine **Punktprobe** durch.

Gegeben sind die Gerade g: $\vec{x} = \begin{pmatrix} 5 \\ 2 \\ -2 \end{pmatrix} + t \cdot \begin{pmatrix} 3 \\ 4 \\ -5 \end{pmatrix}$ sowie die Punkte C(14|14|−17) und D(8|6|3).

Untersuchen Sie, ob die Punkte auf der Geraden g liegen.

Punktprobe für Punkt C:

$$\left. \begin{aligned} 5 + 3t &= 14 &&\Rightarrow& 3t &= 9 &&\Rightarrow& t &= 3 \\ 2 + 4t &= 14 &&\Rightarrow& 4t &= 12 &&\Rightarrow& t &= 3 \\ -2 - 5t &= -17 &&\Rightarrow& -5t &= -15 &&\Rightarrow& t &= 3 \end{aligned} \right\} \; 3 = 3 = 3$$

Der Punkt C liegt auf der Geraden g.

Punktprobe für Punkt D:

$$\left. \begin{aligned} 5 + 3t &= 8 &&\Rightarrow& 3t &= 3 &&\Rightarrow& t &= 1 \\ 2 + 4t &= 6 &&\Rightarrow& 4t &= 4 &&\Rightarrow& t &= 1 \\ -2 - 5t &= 3 &&\Rightarrow& -5t &= 5 &&\Rightarrow& t &= -1 \end{aligned} \right\} \; 1 \neq -1$$

Der Punkt D liegt nicht auf der Geraden g.

Merke: Ein Punkt liegt dann auf einer Geraden, wenn bei der Punkt-probe alle drei Parameterwerte gleich sind.

Wenn bei der Punktprobe nicht alle drei Parameterwerte gleich sind, liegt der Punkt *nicht* auf der Geraden.

Die Geradengleichungen für die **Koordinatenachsen** lauten:

x_1-Achse: $\vec{x} = t \cdot \begin{pmatrix} 1 \\ 0 \\ 0 \end{pmatrix}$ ($x_2 = 0$ und $x_3 = 0$)

x_2-Achse: $\vec{x} = t \cdot \begin{pmatrix} 0 \\ 1 \\ 0 \end{pmatrix}$ ($x_1 = 0$ und $x_3 = 0$)

x_3-Achse: $\vec{x} = t \cdot \begin{pmatrix} 0 \\ 0 \\ 1 \end{pmatrix}$ ($x_1 = 0$ und $x_2 = 0$)

Besondere Lage einer Geraden g im Koordinatensystem

Wenn im Richtungsvektor einer Geraden **zwei** Koordinaten null sind, dann verläuft die Gerade **parallel** zu einer **Koordinatenachse**.

Wenn im Richtungsvektor einer Geraden **eine** Koordinate null ist, dann verläuft die Gerade **parallel** zu einer **Koordinatenebene**.

• Die Gerade g: $\vec{x} = \begin{pmatrix} 1 \\ 5 \\ 3 \end{pmatrix} + t \cdot \begin{pmatrix} 0 \\ 4 \\ 0 \end{pmatrix}$ ist parallel zur x_2-Achse.

• Die Gerade g: $\vec{x} = \begin{pmatrix} 2 \\ -1 \\ 3 \end{pmatrix} + t \cdot \begin{pmatrix} -2 \\ 0 \\ 0 \end{pmatrix}$ ist parallel zur x_1-Achse.

• Die Gerade g: $\vec{x} = \begin{pmatrix} 0 \\ 1 \\ -1 \end{pmatrix} + t \cdot \begin{pmatrix} 0 \\ 0 \\ 5 \end{pmatrix}$ ist parallel zur x_3-Achse.

• Die Gerade g: $\vec{x} = \begin{pmatrix} 7 \\ 1 \\ 2 \end{pmatrix} + t \cdot \begin{pmatrix} 5 \\ 3 \\ 0 \end{pmatrix}$ ist parallel zur $x_1 x_2$-Ebene.

• Die Gerade g: $\vec{x} = \begin{pmatrix} 3 \\ 5 \\ 2 \end{pmatrix} + t \cdot \begin{pmatrix} 2 \\ 0 \\ -1 \end{pmatrix}$ ist parallel zur $x_1 x_3$-Ebene.

• Die Gerade g: $\vec{x} = \begin{pmatrix} 4 \\ 0 \\ -2 \end{pmatrix} + t \cdot \begin{pmatrix} 0 \\ 1 \\ 3 \end{pmatrix}$ ist parallel zur $x_2 x_3$-Ebene.

2.2 Parametergleichung einer Ebene

- Drei Punkte A, B und C bestimmen
  eine Ebene E mit der Gleichung:
  $$E: \vec{x} = \overrightarrow{OA} + s \cdot \overrightarrow{AB} + t \cdot \overrightarrow{AC}$$
  (Parametergleichung)

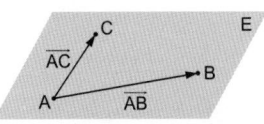

- Ein Punkt A und zwei nicht parallele
  Vektoren $\vec{u}$ und $\vec{v}$ bestimmen eine
  Ebene F mit der Gleichung:
  $$F: \vec{x} = \overrightarrow{OA} + s \cdot \vec{u} + t \cdot \vec{v}$$

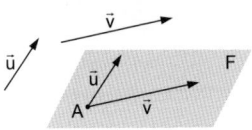

Dabei heißt A Stützpunkt der Ebene und
$\overrightarrow{AB}$ und $\overrightarrow{AC}$ bzw. $\vec{u}$ und $\vec{v}$ heißen
Spannvektoren der Ebene.

Die drei Punkte A(1|4|2), B(3|1|6) und C(7|8|4) legen die Ebene E
fest mit der Gleichung:
$$E: \vec{x} = \overrightarrow{OA} + s \cdot \overrightarrow{AB} + t \cdot \overrightarrow{AC}$$
$$E: \vec{x} = \begin{pmatrix} 1 \\ 4 \\ 2 \end{pmatrix} + s \cdot \begin{pmatrix} 2 \\ -3 \\ 4 \end{pmatrix} + t \cdot \begin{pmatrix} 6 \\ 4 \\ 2 \end{pmatrix}$$

2.3 Koordinatengleichung einer Ebene

Ein Vektor $\vec{n}$, der senkrecht auf einer Ebene E steht, heißt **Normalenvektor** der Ebene E.

Bei gegebenem Normalenvektor $\vec{n}_E = \begin{pmatrix} n_1 \\ n_2 \\ n_3 \end{pmatrix}$ lässt sich die **Koordinatengleichung** der Ebene aufstellen:
$$E: n_1 x_1 + n_2 x_2 + n_3 x_3 = d$$

Die Zahl d auf der rechten Seite der Gleichung ergibt sich durch Einsetzen der Koordinaten eines Punktes der Ebene E (Punktprobe).

Umgekehrt lässt sich an der Koordinatengleichung $E: ax_1 + bx_2 + cx_3 = d$
einer Ebene der Normalenvektor $\vec{n}_E = \begin{pmatrix} a \\ b \\ c \end{pmatrix}$ ablesen.

1. Die Ebene E: $3x_1 - 2x_2 + 5x_3 = 7$ hat als Normalenvektor $\vec{n}_E = \begin{pmatrix} 3 \\ -2 \\ 5 \end{pmatrix}$.

2. Die Ebene F hat als Normalenvektor $\vec{n}_F = \begin{pmatrix} 2 \\ -3 \\ 4 \end{pmatrix}$ und enthält den Punkt $P(6|2|0)$.

   Dann ist F: $2x_1 - 3x_2 + 4x_3 = d$. Mit der Punktprobe für P folgt:

   $2 \cdot 6 - 3 \cdot 2 + 4 \cdot 0 = d$, also $d = 6$ und F: $2x_1 - 3x_2 + 4x_3 = 6$.

Um zu untersuchen, ob ein Punkt in einer Ebene liegt, führt man eine **Punktprobe** mit der Koordinatengleichung durch.

 Untersuchen Sie, ob die Punkte $P(3|-1|2)$ und $Q(1|0|3)$ in der Ebene E mit der Gleichung E: $2x_1 - x_2 + 3x_3 = 13$ liegen.

Punktprobe für Punkt P:

$2 \cdot 3 - (-1) + 3 \cdot 2 = 13 \iff 6 + 1 + 6 = 13$ stimmt

Der Punkt P liegt in der Ebene E.

Punktprobe für Punkt Q:

$2 \cdot 1 - 0 + 3 \cdot 3 = 13 \iff 11 = 13$ stimmt nicht

Der Punkt Q liegt nicht in der Ebene E.

Merke: Ein Punkt liegt in einer Ebene, wenn nach dem Einsetzen der Koordinaten des Punktes in die Koordinatengleichung der Ebene die Gleichung stimmt.

Die **Koordinatenebenen** lassen sich durch folgende Gleichungen und Normalenvektoren beschreiben:

x_1x_2-Ebene: $x_3 = 0$ Normalenvektor: $\vec{n} = \begin{pmatrix} 0 \\ 0 \\ 1 \end{pmatrix}$

x_1x_3-Ebene: $x_2 = 0$ Normalenvektor: $\vec{n} = \begin{pmatrix} 0 \\ 1 \\ 0 \end{pmatrix}$

x_2x_3-Ebene: $x_1 = 0$ Normalenvektor: $\vec{n} = \begin{pmatrix} 1 \\ 0 \\ 0 \end{pmatrix}$

Besondere Lage einer Ebene E im Koordinatensystem

 Wenn in der Koordinatengleichung einer Ebene **eine** Koordinate fehlt, dann ist die Ebene **parallel** zur entsprechenden **Koordinatenachse**.

Wenn in der Koordinatengleichung einer Ebene **zwei** Koordinaten fehlen, dann ist die Ebene **parallel** zur entsprechenden **Koordinatenebene**.

- Die Ebene E: $3x_1 + 2x_2 = 6$ ist parallel zur x_3-Achse.
- Die Ebene E: $4x_1 - x_3 = 8$ ist parallel zur x_2-Achse.
- Die Ebene E: $5x_2 + 6x_3 = 30$ ist parallel zur x_1-Achse.
- Die Ebene E: $x_3 = 7$ ist parallel zur x_1x_2-Ebene.
- Die Ebene E: $x_2 = 4$ ist parallel zur x_1x_3-Ebene.
- Die Ebene E: $x_1 = 2$ ist parallel zur x_2x_3-Ebene.

2.4 Zeichnerische Darstellung von Ebenen

Vorgehensweise

Gegeben: Ebene E: $ax_1 + bx_2 + cx_3 = d$

Schritt 1: **Spurpunkte** (Schnittpunkte der Ebene mit den Koordinatenachsen) berechnen, indem man jeweils 2 Koordinaten gleich null setzt

Schritt 2: Ebene E mithilfe der Spurpunkte in ein Koordinatensystem zeichnen

 1. E: $2x_1 + 3x_2 + 4x_3 = 12$

Schritt 1:

Schnittpunkt mit der x_1-Achse:
Mit $x_2 = x_3 = 0$ folgt $x_1 = 6$, also $S_1(6|0|0)$.
Schnittpunkt mit der x_2-Achse:
Mit $x_1 = x_3 = 0$ folgt $x_2 = 4$, also $S_2(0|4|0)$.
Schnittpunkt mit der x_3-Achse:
Mit $x_1 = x_2 = 0$ folgt $x_3 = 3$,
also $S_3(0|0|3)$.

Schritt 2:

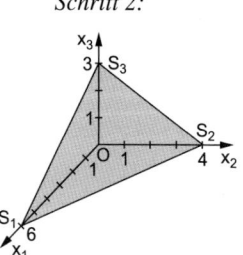

2. $E: 5x_1 + 8x_2 = 20$

   Schritt 1:   *Schritt 2:*

   Schnittpunkt mit der x_1-Achse:

   Mit $x_2 = x_3 = 0$ folgt $x_1 = 4$, also $S_1(4\,|\,0\,|\,0)$.

   Schnittpunkt mit der x_2-Achse:

   Mit $x_1 = x_3 = 0$ folgt $x_2 = 2,5$, also $S_2(0\,|\,2,5\,|\,0)$.

   Schnittpunkt mit der x_3-Achse:

   Mit $x_1 = x_2 = 0$ folgt $0 = 20$, das stimmt nicht.

   Dies bedeutet: Die Ebene schneidet die

   x_3-Achse nicht; sie verläuft parallel zur x_3-Achse.

   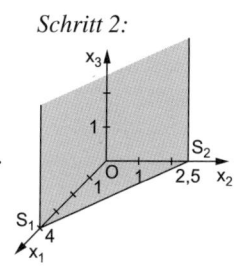

3. $E: x_3 = 3$

   Schritt 1:   *Schritt 2:*

   Als einziger Spurpunkt ergibt sich

   $S_3(0\,|\,0\,|\,3)$. Die Ebene E ist parallel

   zur x_1x_2-Ebene (siehe auch Seite 44)

   und hat zu dieser den Abstand 3.

   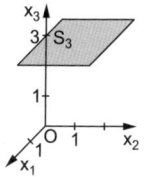

Merke: Eine Ebene kann drei, zwei oder nur einen Spurpunkt haben.
Bei drei Spurpunkten wird die Ebene durch ein Dreieck, ansonsten
durch ein Parallelogramm veranschaulicht.

Umgekehrt kann man anhand der Darstellung einer Ebene mithilfe der
Spurpunkte eine Gleichung der Ebene angeben.

Eine Ebene E mit den Spurpunkten $S_1(a\,|\,0\,|\,0)$,
$S_2(0\,|\,b\,|\,0)$ und $S_3(0\,|\,0\,|\,c)$ hat die Gleichung:

$$E: \frac{x_1}{a} + \frac{x_2}{b} + \frac{x_3}{c} = 1$$

Gibt es einen der Spurpunkte nicht, fehlt
der entsprechende Bruch in der Gleichung.

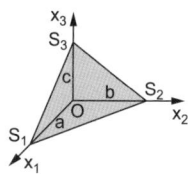

 1.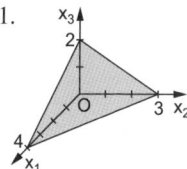

Spurpunkte: $S_1(4\,|\,0\,|\,0)$, $S_2(0\,|\,3\,|\,0)$, $S_3(0\,|\,0\,|\,2)$

Also $E: \frac{x_1}{4} + \frac{x_2}{3} + \frac{x_3}{2} = 1$

oder multipliziert mit 12:

$E: 3x_1 + 4x_2 + 6x_3 = 12$

2. 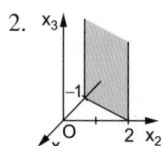 Spurpunkte: $S_1(-1\,|\,0\,|\,0)$, $S_2(0\,|\,2\,|\,0)$

Also E: $\frac{x_1}{-1} + \frac{x_2}{2} = 1$

oder multipliziert mit -2:

E: $2x_1 - x_2 = -2$

3. 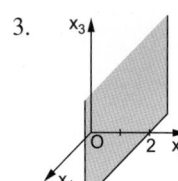 Spurpunkt: $S_2(0\,|\,2\,|\,0)$

Also E: $\frac{x_2}{2} = 1$

oder multipliziert mit 2:

E: $x_2 = 2$

2.5 Umformung: Parameter- in Koordinatengleichung

Vorgehensweise

Gegeben: Ebene E: $\vec{x} = \overrightarrow{OA} + s \cdot \vec{u} + t \cdot \vec{v}$

Schritt 1: Normalenvektor $\vec{n}$ der Ebene als Vektorprodukt der Spannvektoren ermitteln: $\vec{n} = \vec{u} \times \vec{v}$

Schritt 2: Koordinatengleichung der Ebene mithilfe des Normalenvektors $\vec{n} = \begin{pmatrix} a \\ b \\ c \end{pmatrix}$ aufstellen: E: $ax_1 + bx_2 + cx_3 = d$

Schritt 3: Punktprobe mit dem Stützpunkt A (aus der Parametergleichung) durchführen, um d zu bestimmen

 E: $\vec{x} = \begin{pmatrix} 1 \\ 4 \\ 2 \end{pmatrix} + s \cdot \begin{pmatrix} 2 \\ -3 \\ 4 \end{pmatrix} + t \cdot \begin{pmatrix} 3 \\ 2 \\ 1 \end{pmatrix}$

Schritt 1:

$$(-3) \cdot 1 - 4 \cdot 2 = -3 - 8 = -11$$
$$4 \cdot 3 - 2 \cdot 1 = 12 - 2 = 10$$
$$2 \cdot 2 - (-3) \cdot 3 = 4 + 9 = 13$$

$$\vec{n} = \begin{pmatrix} 2 \\ -3 \\ 4 \end{pmatrix} \times \begin{pmatrix} 3 \\ 2 \\ 1 \end{pmatrix} = \begin{pmatrix} -11 \\ 10 \\ 13 \end{pmatrix}$$

Schritt 2:

E: $-11x_1 + 10x_2 + 13x_3 = d$

Schritt 3:

Punktprobe mit dem Stützpunkt A(1|4|2):

$$-11 \cdot 1 + 10 \cdot 4 + 13 \cdot 2 = d$$
$$-11 + 40 + 26 = d$$
$$d = 55$$

Also E: $-11x_1 + 10x_2 + 13x_3 = 55$.

Bei vielen Aufgabenstellungen ist es hilfreich, die Parametergleichung einer Ebene zunächst in die Koordinatengleichung umzuformen (so auch bei der Untersuchung von Lagebeziehungen, siehe Kapitel 3).

 Untersuchen Sie die besondere Lage der Ebene F:

$$F: \vec{x} = \begin{pmatrix} 5 \\ 1 \\ 3 \end{pmatrix} + s \cdot \begin{pmatrix} 0 \\ 1 \\ 0 \end{pmatrix} + t \cdot \begin{pmatrix} 2 \\ 0 \\ -2 \end{pmatrix}$$

Zunächst ermittelt man die Koordinatengleichung der Ebene F.

Schritt 1:

$$\vec{n} = \begin{pmatrix} 0 \\ 1 \\ 0 \end{pmatrix} \times \begin{pmatrix} 2 \\ 0 \\ -2 \end{pmatrix} = \begin{pmatrix} 1 \cdot (-2) - 0 \cdot 0 \\ 0 \cdot 2 - 0 \cdot (-2) \\ 0 \cdot 0 - 1 \cdot 2 \end{pmatrix} = \begin{pmatrix} -2 \\ 0 \\ -2 \end{pmatrix}$$

Schritt 2:

F: $-2x_1 + 0 \cdot x_2 - 2x_3 = d$

Schritt 3:

Punktprobe mit dem Stützpunkt (5|1|3):

$$-2 \cdot 5 - 2 \cdot 3 = d$$
$$d = -16$$

F: $-2x_1 - 2x_3 = -16$ oder geteilt durch (-2):

F: $x_1 + x_3 = 8$

Nun kann man die besondere Lage von F erkennen (siehe Seite 44). Da in der Gleichung x_2 nicht vorkommt, folgt:

Die Ebene F ist parallel zur x_2-Achse.

3 Lagebeziehungen

3.1 Lage zweier Geraden

Für die gegenseitige Lage zweier Geraden g und h im Raum gibt es vier verschiedene Möglichkeiten:
- g und h schneiden sich in einem Punkt.
- g und h verlaufen parallel.
- g und h sind identisch.
- g und h verlaufen windschief zueinander.

Zwei Geraden sind **parallel**, wenn die beiden Richtungsvektoren ein Vielfaches voneinander sind und die zwei Geraden nicht identisch sind.

 Begründen Sie, dass die folgenden Geraden parallel sind:

$$g: \vec{x} = \begin{pmatrix} 4 \\ 5 \\ 3 \end{pmatrix} + t \cdot \begin{pmatrix} 2 \\ -1 \\ 4 \end{pmatrix} \quad \text{und} \quad h: \vec{x} = \begin{pmatrix} 1 \\ 2 \\ 1 \end{pmatrix} + s \cdot \begin{pmatrix} -4 \\ 2 \\ -8 \end{pmatrix}$$

$$\begin{pmatrix} -4 \\ 2 \\ -8 \end{pmatrix} = k \cdot \begin{pmatrix} 2 \\ -1 \\ 4 \end{pmatrix} \Rightarrow \left.\begin{array}{l} -4 = 2k \Rightarrow k = -2 \\ 2 = -k \Rightarrow k = -2 \\ -8 = 4k \Rightarrow k = -2 \end{array}\right\} \text{ stimmt für } k = -2$$

$$\Rightarrow \quad g \parallel h \quad \text{(g und h sind parallel.)}$$

Durch eine Punktprobe kann man weiter prüfen, ob die zwei Geraden identisch sind. Man untersucht z. B., ob der Punkt P(4|5|3) auf h liegt:

$$\left.\begin{array}{l} 4 = 1 - 4s \Rightarrow 4s = -3 \\ 5 = 2 + 2s \Rightarrow 2s = 3 \\ 3 = 1 - 8s \Rightarrow 8s = -2 \end{array}\right\} \text{Widerspruch}$$

Die Punktprobe geht nicht auf, g und h sind also nicht identisch.

Ermittlung eines Schnittpunktes

Vorgehensweise

Schritt 1: Die einzelnen Zeilen der Geradengleichungen gleichsetzen und das LGS lösen (Enthalten die Geraden denselben Parameter, muss man beim Gleichsetzen den einen Parameter umbenennen.)

Schritt 2: Koordinaten des Schnittpunktes durch Einsetzen eines der Parameter in die entsprechende Geradengleichung ermitteln

Bestimmen Sie den Schnittpunkt der beiden Geraden:

$$g: \vec{x} = \begin{pmatrix} -1 \\ -2 \\ 0 \end{pmatrix} + t \cdot \begin{pmatrix} 6 \\ 1 \\ 2 \end{pmatrix} \quad \text{und} \quad h: \vec{x} = \begin{pmatrix} 3 \\ 2 \\ 1 \end{pmatrix} + s \cdot \begin{pmatrix} 2 \\ -3 \\ 1 \end{pmatrix}$$

Schritt 1:

Durch Gleichsetzen ergibt sich das Gleichungssystem:

I $-1 + 6t = 3 + 2s$

II $-2 + t = 2 - 3s$

III $2t = 1 + s$

Aus III folgt $s = 2t - 1$. Einsetzen in II liefert:

$-2 + t = 2 - 3 \cdot (2t - 1) \quad \Rightarrow \quad -2 + t = 5 - 6t \quad \Rightarrow \quad 7t = 7 \quad \Rightarrow \quad t = 1$

Einsetzen von $t = 1$ in $s = 2t - 1$ ergibt $s = 1$.

Eine Probe zeigt, dass $t = 1$ und $s = 1$ alle drei Gleichungen erfüllen.

Schritt 2:

Setzt man $t = 1$ in die Gleichung von g bzw. $s = 1$ in die Gleichung von h ein, erhält man beide Male den Punkt $S(5|-1|2)$; dies ist der Schnittpunkt der beiden Geraden.

 Zwei sich schneidende Geraden sind **senkrecht** zueinander, wenn das Skalarprodukt der beiden Richtungsvektoren gleich null ist.

 Überprüfen Sie, ob sich die Geraden g und h senkrecht schneiden:

$$g: \vec{x} = \begin{pmatrix} 1 \\ 2 \\ 3 \end{pmatrix} + t \cdot \begin{pmatrix} 2 \\ -1 \\ 3 \end{pmatrix} \quad \text{und} \quad h: \vec{x} = \begin{pmatrix} 1 \\ 2 \\ 3 \end{pmatrix} + s \cdot \begin{pmatrix} 4 \\ 2 \\ -2 \end{pmatrix}$$

Die zwei Geraden schneiden sich im gemeinsamen Stützpunkt $S(1|2|3)$.

Skalarprodukt der Richtungsvektoren:

$$\begin{pmatrix} 2 \\ -1 \\ 3 \end{pmatrix} \circ \begin{pmatrix} 4 \\ 2 \\ -2 \end{pmatrix} = 2 \cdot 4 + (-1) \cdot 2 + 3 \cdot (-2) = 8 - 2 - 6 = 0$$

$\Rightarrow$ g und h sind senkrecht zueinander.

3.2 Lage einer Geraden zu einer Ebene

Für die gegenseitige Lage einer Geraden g und einer Ebene E gibt es drei verschiedene Möglichkeiten:
- g und E schneiden sich in einem Punkt.
- g und E verlaufen parallel zueinander.
- g liegt in der Ebene E.

Vorgehensweise

Gegeben: Gerade g: $\vec{x} = \overrightarrow{OA} + r \cdot \vec{u}$ und Ebene E: $ax_1 + bx_2 + cx_3 = d$

Schritt 1: Geradengleichung nach x_1, x_2 und x_3 getrennt notieren

Schritt 2: Einsetzen dieser drei Terme in die Gleichung der Ebene und Lösen der entstehenden Gleichung

Schritt 3: Ergebnis interpretieren: Hat die Gleichung aus dem 2. Schritt
- genau *eine* Lösung, dann gibt es einen *Schnittpunkt.*
- *keine* Lösung, dann sind die Gerade und die Ebene *parallel.*
- *unendlich viele* Lösungen, dann *liegt* die Gerade *in der Ebene.*

 Untersuchen Sie jeweils die gegenseitige Lage von Gerade und Ebene.

1. g: $\vec{x} = \begin{pmatrix} 7 \\ 2 \\ 5 \end{pmatrix} + t \cdot \begin{pmatrix} 2 \\ -1 \\ 2 \end{pmatrix}$ und E: $2x_1 - x_2 + 2x_3 = 4$

Schritt 1:
$x_1 = 7 + 2t$
$x_2 = 2 - t$
$x_3 = 5 + 2t$

Schritt 2:
Einsetzen in die Gleichung von E:
$2 \cdot (7 + 2t) - (2 - t) + 2 \cdot (5 + 2t) = 4$
$\qquad 14 + 4t - 2 + t + 10 + 4t = 4$
$\qquad\qquad\qquad\qquad 22 + 9t = 4$
$\qquad\qquad\qquad\qquad\qquad 9t = -18$
$\qquad\qquad\qquad\qquad\qquad t = -2$

Schritt 3:
Es gibt eine eindeutige Lösung für t. Die Gerade g und die Ebene E haben also einen gemeinsamen Punkt. Einsetzen von $t = -2$ in die Terme aus Schritt 1 liefert den Schnittpunkt $S(3\,|\,4\,|\,1)$.

2. $g: \vec{x} = \begin{pmatrix} 7 \\ 2 \\ 5 \end{pmatrix} + t \cdot \begin{pmatrix} 2 \\ -1 \\ 2 \end{pmatrix}$ und $E: 4x_1 + 2x_2 - 3x_3 = 16$

Schritt 1:

$x_1 = 7 + 2t$
$x_2 = 2 - t$
$x_3 = 5 + 2t$

Schritt 2:

Einsetzen in die Gleichung von E:

$4 \cdot (7 + 2t) + 2 \cdot (2 - t) - 3 \cdot (5 + 2t) = 16$
$28 + 8t + 4 - 2t - 15 - 6t = 16$
$17 = 16 \quad \text{stimmt nicht}$

Schritt 3:

Es gibt keine Lösung. g und E haben also keine gemeinsamen Punkte. Dies bedeutet: Die Gerade g und die Ebene E sind parallel zueinander.

3. $g: \vec{x} = \begin{pmatrix} 7 \\ 2 \\ 5 \end{pmatrix} + t \cdot \begin{pmatrix} 2 \\ -1 \\ 2 \end{pmatrix}$ und $E: 4x_1 + 2x_2 - 3x_3 = 17$

Schritt 1:

$x_1 = 7 + 2t$
$x_2 = 2 - t$
$x_3 = 5 + 2t$

Schritt 2:

Einsetzen in die Gleichung von E:

$4 \cdot (7 + 2t) + 2 \cdot (2 - t) - 3 \cdot (5 + 2t) = 17$
$28 + 8t + 4 - 2t - 15 - 6t = 17$
$17 = 17 \quad \text{stimmt}$

Schritt 3:

Diese Gleichung stimmt für jedes t, sie hat also unendlich viele Lösungen. g und E haben dann unendlich viele gemeinsame Punkte. Dies bedeutet: Die Gerade g liegt in der Ebene E.

Manchmal kann man anhand des Richtungsvektors der Geraden und des Normalenvektors der Ebene etwas über die gegenseitige Lage aussagen.

Eine Gerade steht **senkrecht** zu einer Ebene, wenn der Richtungsvektor der Geraden und der Normalenvektor der Ebene ein Vielfaches voneinander sind.

Begründen Sie, dass g und E senkrecht zueinander stehen:

$$g: \vec{x} = \begin{pmatrix} 2 \\ 0 \\ 5 \end{pmatrix} + t \cdot \begin{pmatrix} -6 \\ 8 \\ -4 \end{pmatrix} \quad \text{und} \quad E: 3x_1 - 4x_2 + 2x_3 = 6$$

$$\begin{pmatrix} -6 \\ 8 \\ -4 \end{pmatrix} = k \cdot \begin{pmatrix} 3 \\ -4 \\ 2 \end{pmatrix} \quad \Rightarrow \quad \left. \begin{cases} -6 = 3k & \Rightarrow & k = -2 \\ 8 = -4k & \Rightarrow & k = -2 \\ -4 = 2k & \Rightarrow & k = -2 \end{cases} \right\} \text{ stimmt für } k = -2$$

$\Rightarrow$ g steht senkrecht zu E.

3.3 Lage zweier Ebenen

Für die gegenseitige Lage zweier Ebenen E und F gibt es drei verschiedene Möglichkeiten:
- E und F verlaufen parallel zueinander.
- E und F sind identisch.
- E und F schneiden sich in einer Geraden.

Zwei Ebenen sind **parallel**, wenn die beiden Normalenvektoren ein Vielfaches voneinander sind und die zwei Ebenen nicht identisch sind.

Begründen Sie, dass die folgenden Ebenen parallel sind:
$E: 3x_1 - 2x_2 + 4x_3 = 6 \quad \text{und} \quad F: 6x_1 - 4x_2 + 8x_3 = 9$

$$\begin{pmatrix} 3 \\ -2 \\ 4 \end{pmatrix} = k \cdot \begin{pmatrix} 6 \\ -4 \\ 8 \end{pmatrix} \quad \Rightarrow \quad \left. \begin{cases} 3 = 6k & \Rightarrow & k = 0{,}5 \\ -2 = -4k & \Rightarrow & k = 0{,}5 \\ 4 = 8k & \Rightarrow & k = 0{,}5 \end{cases} \right\} \text{ stimmt für } k = 0{,}5$$

$\Rightarrow$ E $\parallel$ F (E und F sind parallel.)

Hinweis: Man teilt die Gleichung von F durch 2: F: $3x_1 - 2x_2 + 4x_3 = 4{,}5$
Die linken Seiten von E und F sind nun gleich, die rechten Seiten aber verschieden ($6 \neq 4{,}5$). Daher sind die Ebenen E und F *nicht* identisch.

Zwei Ebenen stehen **senkrecht** zueinander, wenn das Skalarprodukt der beiden Normalenvektoren gleich null ist.

Überprüfen Sie, ob sich die Ebenen senkrecht schneiden:
E: $6x_1 + 4x_2 - 2x_3 = 5$ und F: $x_1 + 3x_2 + 9x_3 = 7$

Skalarprodukt der Normalenvektoren:

$$\begin{pmatrix} 6 \\ 4 \\ -2 \end{pmatrix} \circ \begin{pmatrix} 1 \\ 3 \\ 9 \end{pmatrix} = 6 \cdot 1 + 4 \cdot 3 + (-2) \cdot 9 = 6 + 12 - 18 = 0$$

$\Rightarrow$ E und F sind senkrecht zueinander.

Enthalten zwei verschiedene Ebenen dieselbe Gerade, so stellt diese Gerade die Schnittgerade der beiden Ebenen dar.

Zeigen Sie, dass die Gerade g: $\vec{x} = \begin{pmatrix} 0 \\ 4 \\ 7 \end{pmatrix} + t \cdot \begin{pmatrix} 1 \\ -2 \\ -3 \end{pmatrix}$ sowohl in der Ebene E als auch in der Ebene F liegt:
E: $6x_1 + 9x_2 - 4x_3 = 8$ und F: $x_1 - x_2 + x_3 = 3$

Aus der Geradengleichung folgt:
$x_1 = t$
$x_2 = 4 - 2t$
$x_3 = 7 - 3t$

Probe in E:
$6t + 9 \cdot (4 - 2t) - 4 \cdot (7 - 3t) = 8$
$6t + 36 - 18t - 28 + 12t = 8$
$8 = 8$ stimmt

$\Rightarrow$ g liegt in E. ✓

Probe in F:
$t - (4 - 2t) + (7 - 3t) = 3$
$t - 4 + 2t + 7 - 3t = 3$
$3 = 3$ stimmt

$\Rightarrow$ g liegt in F. ✓

4 Abstände und Winkel

4.1 Abstand eines Punktes zu einer Ebene

Um den Abstand eines Punktes zu einer Ebene zu ermitteln, muss man das Lot von diesem Punkt auf die Ebene fällen.

Lotfußpunktverfahren

Der **Lotfußpunkt** L ist der Schnittpunkt der Lotgeraden g mit der Ebene, auf die das Lot gefällt wird. L ist der Ebenenpunkt mit dem kleinsten Abstand zum Punkt P. Dieser Abstand entspricht dem Abstand d des Punktes P zur Ebene E.

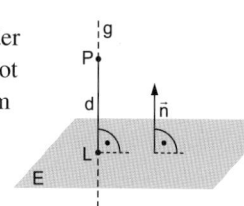

Vorgehensweise

Gegeben: Punkt P und Ebene E: $ax_1 + bx_2 + cx_3 = d$

Schritt 1: Gleichung der Lotgeraden g senkrecht zu E durch P aufstellen; der Normalenvektor der Ebene wird Richtungsvektor von g, der Punkt P wird Stützpunkt von g.

Schritt 2: Lotfußpunkt L als Schnittpunkt zwischen der Lotgeraden g und der Ebene E berechnen

Schritt 3: Abstand von P zu E als Abstand der Punkte P und L berechnen

 Bestimmen Sie den Abstand des Punktes P(7|2|5) von der Ebene E: $2x_1 - x_2 + 2x_3 = 4$.

Schritt 1: Lotgerade g senkrecht zu E durch P

$$g: \vec{x} = \begin{pmatrix} 7 \\ 2 \\ 5 \end{pmatrix} + t \cdot \begin{pmatrix} 2 \\ -1 \\ 2 \end{pmatrix}$$

Schritt 2: Schnittpunkt von g und E (siehe Abschnitt 3.2)

$$2 \cdot (7 + 2t) - (2 - t) + 2 \cdot (5 + 2t) = 4$$
$$14 + 4t - 2 + t + 10 + 4t = 4$$
$$22 + 9t = 4$$
$$9t = -18$$
$$t = -2$$

Eingesetzt in die Gleichung der Lotgeraden g erhält man den Lotfuß-punkt L(3 | 4 | 1).

Schritt 3: Abstand der Punkte L(3 | 4 | 1) und P(7 | 2 | 5)

$$|\overline{LP}| = \sqrt{(7-3)^2 + (2-4)^2 + (5-1)^2} = \sqrt{16+4+16} = \sqrt{36} = 6$$

$$\Rightarrow \quad d(P; E) = |\overline{LP}| = 6$$

4.2 Abstand Gerade – Ebene und Ebene – Ebene

Die Berechnung des Abstands einer Geraden zu einer parallel verlaufenden Ebene bzw. zweier paralleler Ebenen lässt sich jeweils zurückführen auf die Berechnung des Abstands eines Punktes zu einer Ebene.

Abstand Gerade – Ebene
Der Abstand einer zur Ebene E parallel verlaufenden Geraden g von der Ebene entspricht dem Abstand eines beliebigen Punktes P der Geraden zur Ebene:
$$d(g; E) = d(P; E)$$

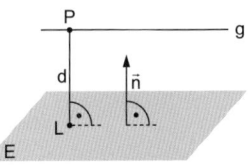

Bestimmen Sie den Abstand der Geraden g zur parallelen Ebene E:

$$g: \vec{x} = \begin{pmatrix} 7 \\ 2 \\ 5 \end{pmatrix} + t \cdot \begin{pmatrix} 2 \\ -1 \\ 2 \end{pmatrix} \quad \text{und} \quad E: 4x_1 + 2x_2 - 3x_3 = -12$$

Man betrachtet z. B. den Stützpunkt P(7 | 2 | 5) der Geraden und berechnet den Abstand dieses Punktes zur Ebene E (siehe Abschnitt 4.1).

Lotgerade $\ell: \vec{x} = \begin{pmatrix} 7 \\ 2 \\ 5 \end{pmatrix} + s \cdot \begin{pmatrix} 4 \\ 2 \\ -3 \end{pmatrix}$

Schnitt mit der Ebene E:

$$4 \cdot (7+4s) + 2 \cdot (2+2s) - 3 \cdot (5-3s) = -12$$
$$28 + 16s + 4 + 4s - 15 + 9s = -12$$
$$29s = -29$$
$$s = -1$$

$\Rightarrow$ Lotfußpunkt L(3 | 0 | 8)

Abstand: $d(g; E) = d(P; E) = |\overline{PL}| = \sqrt{(7-3)^2 + (2-0)^2 + (5-8)^2} = \sqrt{29}$

Abstand Ebene – Ebene

Der Abstand einer zur Ebene E parallel
verlaufenden Ebene F von der Ebene E
entspricht dem Abstand eines beliebigen
Punktes P der Ebene F zur Ebene E:

$$d(F; E) = d(P; E)$$

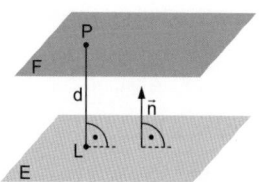

Berechnen Sie den Abstand der beiden parallelen Ebenen
E: $6x_1 - 4x_2 + 8x_3 = 9$ und   F: $3x_1 - 2x_2 + 4x_3 = 6$.

Man betrachtet einen beliebigen Punkt P der Ebene F. Dies kann z. B.
ein Spurpunkt sein wie in diesem Fall P(2 | 0 | 0). Dann berechnet man
den Abstand des Punktes P von der Ebene E mit dem Lotfußpunktverfahren (siehe Abschnitt 4.1). Dies ist der Abstand der zwei Ebenen.
Man erhält als Ergebnis: $d(F; E) = d(P; E) = \dfrac{3}{\sqrt{116}}$

4.3 Schnittwinkel

Ist der Schnittwinkel α zweier geometrischer Objekte gesucht, so ist der
spitze Winkel, den diese beiden Objekte einschließen, zu berechnen.

Winkel zwischen zwei sich schneidenden Geraden

Der Schnittwinkel α zweier Geraden entspricht
dem spitzen Winkel zwischen ihren Richtungsvektoren $\vec{u}$ und $\vec{v}$:

$$\cos\alpha = \frac{|\vec{u} \circ \vec{v}|}{|\vec{u}| \cdot |\vec{v}|}$$

Bestimmen Sie den Winkel α zwischen den sich schneidenden Geraden

g: $\vec{x} = \begin{pmatrix} -1 \\ -2 \\ 0 \end{pmatrix} + t \cdot \begin{pmatrix} 6 \\ 1 \\ 2 \end{pmatrix}$ und   h: $\vec{x} = \begin{pmatrix} 3 \\ 2 \\ 1 \end{pmatrix} + s \cdot \begin{pmatrix} 2 \\ -3 \\ 1 \end{pmatrix}$.

$$\cos\alpha = \frac{\left| \begin{pmatrix} 6 \\ 1 \\ 2 \end{pmatrix} \circ \begin{pmatrix} 2 \\ -3 \\ 1 \end{pmatrix} \right|}{\left| \begin{pmatrix} 6 \\ 1 \\ 2 \end{pmatrix} \right| \cdot \left| \begin{pmatrix} 2 \\ -3 \\ 1 \end{pmatrix} \right|} = \frac{|6 \cdot 2 + 1 \cdot (-3) + 2 \cdot 1|}{\sqrt{6^2 + 1^2 + 2^2} \cdot \sqrt{2^2 + (-3)^2 + 1^2}} = \frac{|11|}{\sqrt{41} \cdot \sqrt{14}} = \frac{11}{\sqrt{574}} \approx 0{,}4591$$

Der Taschenrechner liefert $\alpha \approx 62{,}67°$.

Winkel zwischen Gerade und Ebene

Der Schnittwinkel α zwischen einer Geraden
und einer Ebene ergänzt den spitzen Winkel φ
zwischen dem Richtungsvektor $\vec{u}$ der Geraden und dem Normalenvektor $\vec{n}$ der
Ebene zu 90°; deshalb gilt:

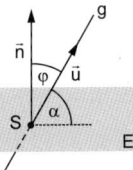

$$\sin\alpha = \frac{|\vec{u} \circ \vec{n}|}{|\vec{u}| \cdot |\vec{n}|}$$

Bestimmen Sie den Winkel α zwischen der Geraden g: $\vec{x} = \begin{pmatrix} 7 \\ 2 \\ 5 \end{pmatrix} + t \cdot \begin{pmatrix} 3 \\ 4 \\ 0 \end{pmatrix}$
und der Ebene E: $2x_1 - x_2 + 2x_3 = 7$.

$$\sin\alpha = \frac{\left| \begin{pmatrix} 3 \\ 4 \\ 0 \end{pmatrix} \circ \begin{pmatrix} 2 \\ -1 \\ 2 \end{pmatrix} \right|}{\left| \begin{pmatrix} 3 \\ 4 \\ 0 \end{pmatrix} \right| \cdot \left| \begin{pmatrix} 2 \\ -1 \\ 2 \end{pmatrix} \right|} = \frac{|3 \cdot 2 + 4 \cdot (-1) + 0 \cdot 2|}{\sqrt{3^2 + 4^2 + 0^2} \cdot \sqrt{2^2 + (-1)^2 + 2^2}} = \frac{|2|}{\sqrt{25} \cdot \sqrt{9}} = \frac{2}{15} \approx 0,1333$$

Der Taschenrechner liefert $\alpha \approx 7,66°$.

Winkel zwischen zwei Ebenen

Der Schnittwinkel α zweier Ebenen entspricht dem spitzen Winkel zwischen
ihren Normalenvektoren $\vec{n}_1$ und $\vec{n}_2$:

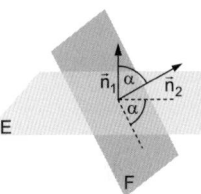

$$\cos\alpha = \frac{|\vec{n}_1 \circ \vec{n}_2|}{|\vec{n}_1| \cdot |\vec{n}_2|}$$

Bestimmen Sie den Winkel α zwischen den Ebenen
E: $x_1 + 2x_2 + 3x_3 = 6$ und F: $2x_1 - x_2 + 4x_3 = 9$.

$$\cos\alpha = \frac{\left| \begin{pmatrix} 1 \\ 2 \\ 3 \end{pmatrix} \circ \begin{pmatrix} 2 \\ -1 \\ 4 \end{pmatrix} \right|}{\left| \begin{pmatrix} 1 \\ 2 \\ 3 \end{pmatrix} \right| \cdot \left| \begin{pmatrix} 2 \\ -1 \\ 4 \end{pmatrix} \right|} = \frac{|1 \cdot 2 + 2 \cdot (-1) + 3 \cdot 4|}{\sqrt{1^2 + 2^2 + 3^2} \cdot \sqrt{2^2 + (-1)^2 + 4^2}} = \frac{|12|}{\sqrt{14} \cdot \sqrt{21}} = \frac{12}{\sqrt{294}} \approx 0,6999$$

Der Taschenrechner liefert $\alpha \approx 45,58°$.

5 Spiegelungen

Mithilfe der Vektorrechnung lassen sich Bildpunkte oder Bildgeraden bei Spiegelungen an Punkten oder Ebenen ermitteln.

Spiegelung Punkt an Punkt

Wird ein Punkt P an einem Punkt S gespiegelt, so gilt für den Ortsvektor des Bildpunktes P':

$$\overrightarrow{OP'} = \overrightarrow{OP} + 2 \cdot \overrightarrow{PS}$$

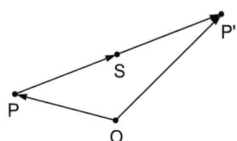

Spiegelung Gerade an Punkt

Wird eine Gerade g am Punkt S gespiegelt, ergibt sich die parallele Bildgerade g' durch Spiegelung eines Punktes P der Geraden g an S sowie Beibehaltung des Richtungsvektors von g:

$$g: \vec{x} = \overrightarrow{OP} + r \cdot \vec{u} \quad \Rightarrow \quad g': \vec{x} = \overrightarrow{OP'} + r \cdot \vec{u}$$

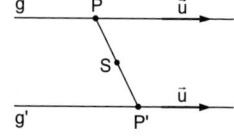

Spiegelung Punkt an Ebene

Die Spiegelung eines Punktes P an einer Ebene E entspricht der Spiegelung von P am Lotfußpunkt L des Lotes von P auf E:

$$\overrightarrow{OP'} = \overrightarrow{OP} + 2 \cdot \overrightarrow{PL}$$

(mit L als Schnittpunkt der Lotgeraden g durch P mit der Ebene E)

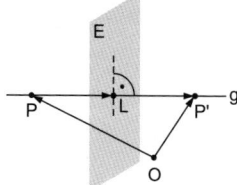

Stochastik

1 Zufallsexperimente und Ereignisse

Ergebnismenge

Ein Zufallsexperiment kann verschiedene Ergebnisse haben.
Die Menge aller möglichen Ergebnisse heißt Ergebnismenge S.

Beim Zufallsexperiment „Werfen eines Würfels" ist die Ergebnismenge:
$S = \{1; 2; 3; 4; 5; 6\}$

Beim Zufallsexperiment „Zweimaliges Werfen einer Münze" ist die Ergebnismenge:
$S = \{KK; KZ; ZK; ZZ\}$ (K steht für Kopf, Z für Zahl.)

Ereignis

Ein Ereignis beschreibt einen möglichen Ausgang eines Zufallsexperiments. Jedes Ereignis ist eine Teilmenge der Ergebnismenge S.

Zufallsexperiment „Werfen eines Würfels"
Ereignis A: Augenzahl ist kleiner als 5. $\Rightarrow$ $A = \{1; 2; 3; 4\}$

Zufallsexperiment „Zweimaliges Werfen einer Münze"
Ereignis B: Genau einmal Kopf. $\Rightarrow$ $B = \{KZ; ZK\}$

Gegenereignis

Jedes Ereignis hat ein zugehöriges Gegenereignis. Das Gegenereignis tritt genau dann ein, wenn das Ereignis nicht eintritt.
Das Gegenereignis eines Ereignisses A wird mit $\overline{A}$ bezeichnet.

Zufallsexperiment „Dreimaliges Werfen einer Münze"
A: Mindestens einmal Zahl.

Das Gegenereignis des Ereignisses A ist:
$\overline{A}$: Dreimal Kopf.

2 Wahrscheinlichkeitsberechnungen

2.1 Wahrscheinlichkeit

Die Wahrscheinlichkeit eines Ereignisses A wird mit P(A) bezeichnet.
Eine Wahrscheinlichkeit ist immer eine Zahl zwischen 0 und 1.
Je größer diese Zahl ist, desto höher ist die Chance, dass das Ereignis eintritt.

Die Wahrscheinlichkeiten eines Ereignisses und des zugehörigen Gegenereignisses ergeben zusammen immer 1:

$P(A) + P(\overline{A}) = 1$ und daher $P(\overline{A}) = 1 - P(A)$

2.2 Laplace-Experiment, Laplace-Wahrscheinlichkeit

Ein Zufallsexperiment, bei dem alle Ergebnisse gleich wahrscheinlich sind, heißt **Laplace-Experiment**.
Die Wahrscheinlichkeit eines Ereignisses A erhält man in diesem Fall, indem man die Anzahl der günstigen Fälle durch die Anzahl der möglichen Fälle teilt:

$P(A) = \dfrac{\text{Anzahl der günstigen Fälle}}{\text{Anzahl der möglichen Fälle}}$

Das Glücksrad wird einmal gedreht.
Geben Sie die Ergebnismenge an und begründen Sie, dass es sich um ein Laplace-Experiment handelt.
Berechnen Sie dann die Wahrscheinlichkeit, dass der Pfeil auf einer geraden Zahl stehen bleibt.

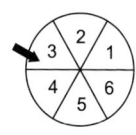

$S = \{1; 2; 3; 4; 5; 6\}$

Es ist ein Laplace-Experiment, da die einzelnen Sektoren des Rades gleich groß sind und somit jede Zahl gleich wahrscheinlich ist.

A: Der Pfeil zeigt auf eine gerade Zahl.
Es gibt 6 mögliche Fälle (1, 2, 3, 4, 5, 6) und 3 günstige Fälle (2, 4, 6).
Damit ist die gesuchte Wahrscheinlichkeit:

$P(A) = \frac{3}{6} = \frac{1}{2}$

2.3 Baumdiagramme und Pfadregeln

Mehrstufige Zufallsexperimente können mit einem Baumdiagramm dargestellt werden. Durchläuft man ein Baumdiagramm, indem man sich an jeder Gabelung für einen Ast entscheidet, erhält man einen **Pfad**. Jeder Pfad entspricht einem Ergebnis des zugrunde liegenden Zufallsexperiments.

Für jede Gabelung innerhalb eines Baumdiagramms gilt:
Zählt man die Wahrscheinlichkeiten an allen Ästen der Gabelung zusammen, erhält man stets 1.

Zweimaliges Werfen einer verbeulten Münze, die nur bei 40 % aller Würfe auf Kopf fällt.

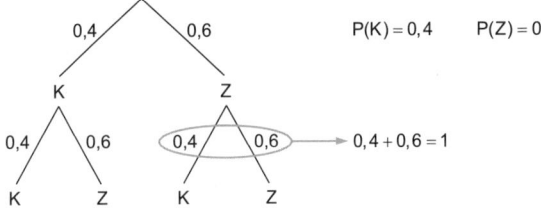

$P(K) = 0,4 \qquad P(Z) = 0,6$

Pfade bzw. Ergebnisse: KK, KZ, ZK, ZZ

1. Pfadregel
Die Wahrscheinlichkeiten entlang eines Pfades werden multipliziert.

Im Beispiel oben wird folgendes Ereignis betrachtet:
A: Im ersten Wurf erhält man Zahl, im zweiten Wurf Kopf.

Dieses Ereignis entspricht dem Ergebnis ZK. Mit der Pfadregel ergibt sich für die Wahrscheinlichkeit:

$$P(A) = \underbrace{0,6}_{Z} \cdot \underbrace{0,4}_{K} = 0,24$$

2. Pfadregel (Summenregel)
Die Wahrscheinlichkeiten mehrerer Pfade werden addiert.

Im Beispiel der vorherigen Seite wird folgendes Ereignis betrachtet:

B: Bei beiden Würfen fällt die Münze auf dieselbe Seite.

Dieses Ereignis besteht aus den zwei Ergebnissen KK und ZZ. Mit der Summenregel ergibt sich für die Wahrscheinlichkeit:

$$P(B) = \underbrace{0,4 \cdot 0,4}_{K \quad K} + \underbrace{0,6 \cdot 0,6}_{Z \quad Z} = 0,16 + 0,36 = 0,52$$

Mehrstufige Zufallsexperimente können durch das Ziehen von Kugeln aus einer Urne veranschaulicht werden. Dabei unterscheidet man, ob *mit* oder *ohne* Zurücklegen der Kugeln gezogen wird.

In einer Urne befinden sich drei rote und fünf blaue Kugeln. Es werden nacheinander zwei Kugeln mit bzw. ohne Zurücklegen gezogen. Zeichnen Sie jeweils ein Baumdiagramm und berechnen Sie die Wahrscheinlichkeit, dass genau eine der beiden Kugeln rot ist.

Ziehen mit Zurücklegen
In der Urne befinden sich insgesamt 8 Kugeln. Da die Kugeln zurückgelegt werden, bleiben die einzelnen Wahrscheinlichkeiten bei jedem Ziehen gleich.

A: Genau eine der beiden Kugeln ist rot.

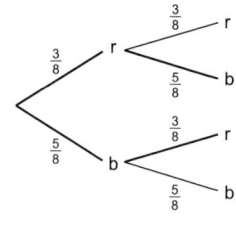

$$P(A) = \underbrace{\frac{3}{8} \cdot \frac{5}{8}}_{r\,b} + \underbrace{\frac{5}{8} \cdot \frac{3}{8}}_{b\,r} = \frac{30}{64} = \frac{15}{32}$$

Ziehen ohne Zurücklegen
Da die Kugeln nicht zurückgelegt werden, sind beim zweiten Ziehen nur noch 7 Kugeln in der Urne und die Wahrscheinlichkeiten ändern sich.

A: Genau eine der beiden Kugeln ist rot.

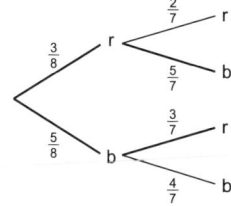

$$P(A) = \underbrace{\frac{3}{8} \cdot \frac{5}{7}}_{r\,b} + \underbrace{\frac{5}{8} \cdot \frac{3}{7}}_{b\,r} = \frac{30}{56} = \frac{15}{28}$$

2.4 Vierfeldertafel

Eine Vierfeldertafel ist eine Darstellung für Zufallsexperimente, bei denen man es nur mit zwei Ereignissen bzw. deren Gegenereignissen zu tun hat. Heißen die Ereignisse A und B, ergibt sich:

	A	$\overline{A}$	
B	$P(A \cap B)$	$P(\overline{A} \cap B)$	$P(B)$
$\overline{B}$	$P(A \cap \overline{B})$	$P(\overline{A} \cap \overline{B})$	$P(\overline{B})$
	$P(A)$	$P(\overline{A})$	1

Hinweis: $P(A \cap B)$ bedeutet P(A und B), also die Wahrscheinlichkeit, dass sowohl A als auch B eintritt.

Diese Darstellung hat ihren Namen von den vier Feldern in der Mitte, in denen sich die Spalten von A und $\overline{A}$ mit den Zeilen von B und $\overline{B}$ schneiden. Am Ende jeder Zeile bzw. Spalte steht jeweils die Summe aus den beiden Wahrscheinlichkeiten der Zeile bzw. Spalte. Im Feld ganz rechts unten addieren sich diese Wahrscheinlichkeiten wiederum zur Gesamtwahrscheinlichkeit 1 bzw. 100 %.

In einer Mädchenklasse sind 23 Schülerinnen. Man weiß außerdem: 9 Schülerinnen spielen ein Musikinstrument (M), 5 Schülerinnen spielen ein Musikinstrument (M) *und* betreiben eine Sportart (S), 8 Schülerinnen betreiben eine Sportart (S) *und* spielen kein Musikinstrument ($\overline{M}$).
Es wird zufällig eine Schülerin aus der Klasse ausgewählt.
Fertigen Sie eine vollständige Vierfeldertafel an und ermitteln Sie die Wahrscheinlichkeiten der folgenden Ereignisse:
A: Die ausgewählte Schülerin betreibt keine Sportart.
B: Die ausgewählte Schülerin betreibt weder eine Sportart noch spielt sie ein Musikinstrument.

Zunächst kann man die drei Angaben in Wahrscheinlichkeiten ausdrücken und an der passenden Stelle in die Vierfeldertafel eintragen. Im Feld ganz rechts unten steht zudem die Gesamtwahrscheinlichkeit 1.

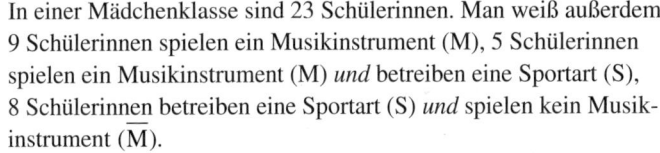

	M	$\overline{M}$	
S	$\frac{5}{23}$	$\frac{8}{23}$	
$\overline{S}$			
	$\frac{9}{23}$		1

Dann vervollständigt man die Tafel
nach und nach.

In der ersten Zeile addiert man die
beiden Wahrscheinlichkeiten und
trägt dies in das Feld am Ende der
Zeile ein. In der ersten Spalte kann
man die fehlende Wahrscheinlich-
keit so ermitteln: $\frac{9}{23} - \frac{5}{23} = \frac{4}{23}$

	M	$\overline{\text{M}}$	
S	$\frac{5}{23}$	$\frac{8}{23}$	$\frac{13}{23}$
$\overline{\text{S}}$	$\frac{4}{23}$		
	$\frac{9}{23}$	$\frac{14}{23}$	1

Ebenso kann man in der unteren
Zeile rechnen: $1 - \frac{9}{23} = \frac{14}{23}$

Nun rechnet man ganz rechts:

$1 - \frac{13}{23} = \frac{10}{23}$

Zum Schluss ergibt sich für das
letzte Feld:

$\frac{10}{23} - \frac{4}{23} = \frac{6}{23}$ bzw. $\frac{14}{23} - \frac{8}{23} = \frac{6}{23}$

	M	$\overline{\text{M}}$	
S	$\frac{5}{23}$	$\frac{8}{23}$	$\frac{13}{23}$
$\overline{\text{S}}$	$\frac{4}{23}$	$\frac{6}{23}$	$\frac{10}{23}$
	$\frac{9}{23}$	$\frac{14}{23}$	1

Der vollständigen Vierfeldertafel kann man die gesuchten Wahrscheinlichkeiten entnehmen:

$P(A) = P(\overline{S}) = \frac{10}{23}$ und $P(B) = P(\overline{S} \cap \overline{M}) = \frac{6}{23}$

2.5 Bedingte Wahrscheinlichkeit und stochastische Unabhängigkeit

Bedingte Wahrscheinlichkeit

Eine bedingte Wahrscheinlichkeit liegt vor, wenn man die Wahrscheinlichkeit eines Ereignisses A berechnen möchte unter der Bedingung,
dass das Ereignis B bereits eingetreten ist. Schreibweise: $P_B(A)$
Für diese Wahrscheinlichkeit gilt:

$P_B(A) = \frac{P(A \cap B)}{P(B)}$

Bei einer Vierfeldertafel kann man die Wahrscheinlichkeiten für
Zähler und Nenner der Formel direkt entnehmen.

Mit den Wahrscheinlichkeiten aus der Vierfeldertafel rechts gilt:

$$P_B(A) = \frac{P(A \cap B)}{P(B)} = \frac{0,1}{0,25} = 0,4$$

	A	$\overline{A}$	
B	0,1	0,15	0,25
$\overline{B}$	0,3	0,45	0,75
	0,4	0,6	1

$$P_A(B) = \frac{P(B \cap A)}{P(A)} = \frac{0,1}{0,4} = 0,25$$

$$P_{\overline{A}}(\overline{B}) = \frac{P(\overline{B} \cap \overline{A})}{P(\overline{A})} = \frac{0,45}{0,6} = 0,75$$

Bei einem Baumdiagramm lassen sich bedingte Wahrscheinlichkeiten direkt ablesen, wenn die Bedingung auf der ersten Stufe steht.

Mit dem Baumdiagramm rechts gilt:

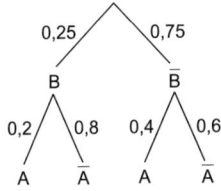

$$P_B(A) = \frac{P(A \cap B)}{P(B)} = \frac{0,25 \cdot 0,2}{0,25} = 0,2$$

$$P_A(B) = \frac{P(B \cap A)}{P(A)} = \frac{0,25 \cdot 0,2}{0,25 \cdot 0,2 + 0,75 \cdot 0,4} \approx 0,14$$

$P_B(A) = 0,2$ lässt sich hier direkt ablesen.

Stochastische Unabhängigkeit

Zwei Ereignisse A und B sind stochastisch unabhängig, wenn das Eintreten von B nicht davon abhängt, ob A eintritt, und umgekehrt.

In diesem Fall gilt $P_A(B) = P(B)$ und $P_B(A) = P(A)$.

Ob zwei Ereignisse A und B stochastisch unabhängig sind, kann man rechnerisch mit folgender Bedingung überprüfen:

$P(A \cap B) = P(A) \cdot P(B)$

Aus einer Urne mit 2 weißen und 3 schwarzen Kugeln wird zweimal ohne Zurücklegen gezogen. Untersuchen Sie, ob die folgenden Ereignisse A und B stochastisch unabhängig sind.

A: Die zuerst gezogene Kugel ist weiß.

B: Die zweite gezogene Kugel ist schwarz.

Man prüft die Bedingung:

$$P(A \cap B) = \frac{2}{5} \cdot \frac{3}{4} = \frac{6}{20} = \frac{3}{10} = 0,3$$

$$P(A) \cdot P(B) = \frac{2}{5} \cdot \left(\frac{2}{5} \cdot \frac{3}{4} + \frac{3}{5} \cdot \frac{2}{4} \right) = \frac{2}{5} \cdot \frac{6}{10} = \frac{6}{25} = 0,24$$

Da $0,3 \neq 0,24$, ist $P(A \cap B) \neq P(A) \cdot P(B)$.

A und B sind daher *nicht* stochastisch unabhängig.

3 Zufallsgrößen

3.1 Zufallsgrößen und ihre Wahrscheinlichkeitsverteilung

Eine **Zufallsgröße** ordnet jedem Ergebnis eines Zufallsexperiments eine Zahl zu. Die **Wahrscheinlichkeitsverteilung** einer Zufallsgröße X gibt an, mit welchen Wahrscheinlichkeiten p_1, p_2, ..., p_n die Zufallsgröße die möglichen Werte x_1, x_2, ..., x_n annimmt; in Tabellenform:

x_i	x_1	x_2	...	x_n
$P(X = x_i)$	p_1	p_2	...	p_n

Dabei muss die Summe der Wahrscheinlichkeiten stets 1 ergeben:
$p_1 + p_2 + ... + p_n = 1$

Die Veranschaulichung der Wahrscheinlichkeitsverteilung kann durch ein Histogramm erfolgen.

 Bei einem gezinkten Würfel wird die Augenzahl 6 mit einer Wahrscheinlichkeit von 0,3 geworfen. Ermitteln Sie die Wahrscheinlichkeitsverteilung der Zufallsgröße X, die die Anzahl der Sechsen beim zweimaligen Werfen dieses Würfels angibt.

Für den gezinkten Würfel gilt: $P(6) = 0,3; \; P(\overline{6}) = 0,7$

Die Zufallsgröße X kann folgende Werte annehmen:
$x_1 = 0; \quad x_2 = 1; \quad x_3 = 2$

Die Wahrscheinlichkeiten für die einzelnen Werte von X können mithilfe der Pfadregeln (siehe Abschnitt 2.3) ermittelt werden:

$P(X = 0) = P(\text{„keine 6“}) = \underbrace{0,7}_{\overline{6}} \cdot \underbrace{0,7}_{\overline{6}} = 0,49$

$P(X = 1) = \underbrace{0,3}_{6} \cdot \underbrace{0,7}_{\overline{6}} + \underbrace{0,7}_{\overline{6}} \cdot \underbrace{0,3}_{6} = 0,42$

$P(X = 2) = \underbrace{0,3}_{6} \cdot \underbrace{0,3}_{6} = 0,09$

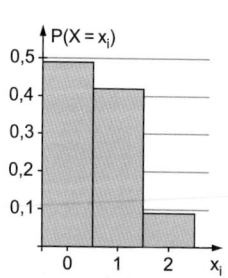

Wahrscheinlichkeitsverteilung von X:

x_i	0	1	2
$P(X = x_i)$	0,49	0,42	0,09

3.2 Erwartungswert einer Zufallsgröße

Um den Erwartungswert E(X) einer Zufallsgröße X auszurechnen,
muss man die Wahrscheinlichkeitsverteilung von X kennen:

x_i	x_1	x_2	...	x_n
$P(X = x_i)$	p_1	p_2	...	p_n

Erwartungswert

Der Erwartungswert einer Zufallsgröße X gibt an, welcher Mittelwert bei
oftmaliger Wiederholung des Zufallsexperiments zu erwarten ist.

$$\mu = E(X) = x_1 \cdot P(X = x_1) + \dots + x_n \cdot P(X = x_n) = x_1 \cdot p_1 + \dots + x_n \cdot p_n$$

Gegeben ist die Wahrscheinlichkeitsverteilung einer Zufallsgröße X:

k	0	1	2	3
$P(X = k)$	0,2	0,3	0,4	0,1

Um den Erwartungswert von X zu berechnen, bildet man in jeder
Spalte das Produkt aus dem Wert der Zufallsgröße X und der zugehörigen Wahrscheinlichkeit und addiert alle Produkte:

$$E(X) = 0 \cdot 0,2 + 1 \cdot 0,3 + 2 \cdot 0,4 + 3 \cdot 0,1 = 0,3 + 0,8 + 0,3 = 1,4$$

Deutung: Im Durchschnitt nimmt X den Wert 1,4 an.

Bemerkung: Der Erwartungswert einer Zufallsgröße X ist häufig kein
Wert, den die Zufallsgröße tatsächlich annimmt.

Beachte: Erwartungswerte sind *keine* Wahrscheinlichkeiten.

Aufgaben zum Erwartungswert drehen sich häufig um Gewinnspiele.

Vorgehensweise

Schritt 1: Zufallsgröße X einführen

Schritt 2: Werte ermitteln, die die Zufallsgröße X annehmen kann

Schritt 3: Für jeden Wert aus Schritt 2 die zugehörige Wahrscheinlichkeit bestimmen

Schritt 4: Ergebnisse aus Schritt 2 und Schritt 3 als Tabelle darstellen
(Wahrscheinlichkeitsverteilung von X)

Schritt 5: Erwartungswert E(X) berechnen

Schritt 6: E(X) im Sachzusammenhang deuten

Für 3 € Einsatz darf man einen besonderen Würfel werfen. Auf drei Seiten des Würfels steht eine 0, auf zwei Seiten steht eine 3 und auf einer Seite steht eine 9. Man erhält vom Anbieter des Spiels die gewürfelte Zahl in Euro ausbezahlt. Ermitteln Sie, mit welchen Einnahmen der Anbieter des Spiels bei 1 000 Spielen rechnen kann.

Schritt 1:

X: Auszahlungsbetrag in € bei einem Spiel

Schritt 2:

X kann die Werte 0, 3 und 9 annehmen.

Schritt 3:

$$P(X=0)=\frac{3}{6};\quad P(X=3)=\frac{2}{6};\quad P(X=9)=\frac{1}{6}$$

Schritt 4:

k	0	3	9
P(X = k)	$\frac{3}{6}$	$\frac{2}{6}$	$\frac{1}{6}$

Schritt 5:

$$E(X)=0\cdot\frac{3}{6}+3\cdot\frac{2}{6}+9\cdot\frac{1}{6}=1+\frac{3}{2}=2,5$$

Schritt 6:

Durchschnittlich zahlt der Anbieter pro Spiel 2,50 € an den Spieler aus. Von den 3 € Einsatz bleiben dem Anbieter also durchschnittlich 0,50 €. Bei 1 000 Spielen kann der Anbieter dann mit 1 000 · 0,50 € = 500 € rechnen.

Alternativer Lösungsweg:

X: Gewinn des Anbieters in € bei einem Spiel

X kann die Werte 3, 0 und −6 annehmen.

$$P(X=3)=\frac{3}{6};\quad P(X=0)=\frac{2}{6};\quad P(X=-6)=\frac{1}{6}$$

k	3	0	−6
P(X = k)	$\frac{3}{6}$	$\frac{2}{6}$	$\frac{1}{6}$

$$E(X)=3\cdot\frac{3}{6}+0\cdot\frac{2}{6}-6\cdot\frac{1}{6}=\frac{3}{2}-1=0,5$$

Durchschnittlich gewinnt der Anbieter pro Spiel 0,50 €.

Bei 1 000 Spielen kann der Anbieter daher mit 1 000 · 0,50 € = 500 € rechnen.

Faires Spiel

Ein Spiel ist **fair**, wenn der Erwartungswert des Gewinns für jeden Spieler gleich null ist.

An der Schießbude eines Rummelplatzes kann man für 2,50 € Einsatz an einem Spiel teilnehmen, bei dem man dreimal auf kleine Tonzylinder schießen darf. Trifft man mit allen drei Schüssen jeweils einen Tonzylinder, erhält man 20 € ausbezahlt. In allen anderen Fällen erhält man keine Auszahlung.

- Ein Spieler trifft mit einem Schuss mit 50 % Wahrscheinlichkeit einen Tonzylinder. Zeigen Sie, dass das Spiel für diesen Spieler fair ist.

  Zufallsgröße X: Gewinn bei einem Spiel in Euro
  X kann die Werte 17,5 (20 − 2,5) und −2,5 (der Einsatz geht verloren) annehmen. Die Trefferwahrscheinlichkeit für jeden Tonzylinder beträgt 0,5. X nimmt den Wert 17,5 an, wenn der Spieler alle drei Tonzylinder trifft, also „Treffer − Treffer − Treffer".
  $P(X = 17,5) = 0,5 \cdot 0,5 \cdot 0,5 = 0,125$ (Pfadregel)
  Die Wahrscheinlichkeit für X = −2,5 ist die Gegenwahrscheinlichkeit:
  $P(X = -2,5) = 1 - 0,125 = 0,875$
  Erwartungswert von X:
  $E(X) = 17,5 \cdot 0,125 + (-2,5) \cdot 0,875 = 2,1875 - 2,1875 = 0$
  Da der Erwartungswert null ist, ist das Spiel für diesen Spieler fair.

- Ein anderer Spieler trifft mit einem Schuss mit 40 % Wahrscheinlichkeit einen Tonzylinder. Ermitteln Sie, bei welchem Einsatz das Spiel für diesen Spieler fair wäre.

  Zufallsgröße Y: Gewinn bei einem Spiel in Euro
  Für den zu bestimmenden Einsatz legt man die Variable x fest.
  Y kann damit die Werte 20 − x und −x annehmen.
  $P(Y = 20 - x) = 0,4 \cdot 0,4 \cdot 0,4 = 0,064$ (Pfadregel)
  $P(Y = -x) = 1 - 0,064 = 0,936$ (Gegenwahrscheinlichkeit)
  Erwartungswert von Y:
  $E(Y) = (20 - x) \cdot 0,064 + (-x) \cdot 0,936 = 1,28 - 0,064x - 0,936x = 1,28 - x$
  Das Spiel ist fair, wenn der Erwartungswert null ist, also:
  $1,28 - x = 0 \implies x = 1,28$
  Bei einem Einsatz von 1,28 € wäre das Spiel für diesen Spieler fair.

4 Binomialverteilung

4.1 Bernoulli-Experiment, binomialverteilte Zufallsgrößen

Bernoulli-Experiment

Ein Zufallsexperiment mit nur zwei möglichen Ergebnissen (Treffer und Niete) heißt Bernoulli-Experiment. Die **Trefferwahrscheinlichkeit** bezeichnet man mit p, die Wahrscheinlichkeit für eine Niete mit $q = 1 - p$. Die n-fache Wiederholung desselben Bernoulli-Experiments heißt **Bernoulli-Kette** der Länge n. Die Trefferwahrscheinlichkeit p bleibt dabei konstant.

Einer Bernoulli-Kette liegt eine besondere Wahrscheinlichkeitsverteilung zugrunde.

Binomialverteilte Zufallsgröße

Die Wahrscheinlichkeitsverteilung einer Zufallsgröße X, die die Anzahl der Treffer bei einer Bernoulli-Kette der Länge n mit Trefferwahrscheinlichkeit p angibt, heißt **Binomialverteilung**.

Eine Zufallsgröße X ist also binomialverteilt, wenn

- ein Zufallsexperiment n-mal durchgeführt wird (Kettenlänge n),
- das Zufallsexperiment nur zwei Ergebnisse hat: Treffer und Niete,
- die Trefferwahrscheinlichkeit p bei jeder Durchführung unverändert bleibt,
- X die Anzahl der Treffer beschreibt.

Für binomialverteilte Zufallsgrößen X gilt die **Formel von Bernoulli**:

$$P(X = k) = \binom{n}{k} \cdot p^k \cdot (1 - p)^{n-k} \quad \text{(Wahrscheinlichkeit für k Treffer)}$$

Der Ausdruck $\binom{n}{k}$ heißt **Binomialkoeffizient**. Es gilt:

$$\binom{n}{k} = \frac{n!}{k! \cdot (n - k)!}$$

$$\binom{n}{0} = 1 \qquad \binom{n}{1} = n \qquad \binom{n}{n} = 1 \qquad \binom{n}{n-1} = \binom{n}{1} = n$$

Ein Glücksrad hat 10 gleich große Sektoren, wovon einer rot ist und die restlichen weiß sind. Es wird 4-mal gedreht. Die Zufallsgröße X gibt an, wie oft der rote Sektor erscheint. Bestimmen Sie die Wahrscheinlichkeit dafür, dass genau 3-mal der rote Sektor erscheint.

Schritt 1: Einführen einer geeigneten Zufallsgröße
X: Anzahl der Drehungen, die auf dem roten Sektor enden

Schritt 2: Binomialverteilung der Zufallsgröße feststellen
X ist binomialverteilt mit $n=4$ und $p=\frac{1}{10}$.

Schritt 3: Formel von Bernoulli anwenden

$$P(X=3) = \binom{4}{3} \cdot \left(\frac{1}{10}\right)^3 \cdot \left(1-\frac{1}{10}\right)^{4-3} = 4 \cdot \frac{1}{1\,000} \cdot \frac{9}{10} = \frac{36}{10\,000} = 0,0036$$

Ein Würfel wird 10-mal geworfen.
Geben Sie ein mögliches Ereignis A im Sachzusammenhang an, dessen Wahrscheinlichkeit durch folgenden Rechenausdruck beschrieben wird:

$$\binom{10}{8} \cdot \left(\frac{1}{6}\right)^8 \cdot \left(\frac{5}{6}\right)^2 + 10 \cdot \left(\frac{1}{6}\right)^9 \cdot \frac{5}{6} + \left(\frac{1}{6}\right)^{10}$$

A: Es wird 8-mal oder 9-mal oder 10-mal eine Sechs gewürfelt.
Anders ausgedrückt:
A: Es wird mindestens 8-mal eine Sechs gewürfelt.

Hinweise: Der Rechenausdruck besteht aus drei Termen, die addiert werden. Die drei Terme entstehen jeweils aus der Formel von Bernoulli für $k=8$, $k=9$ und $k=10$ (mit $n=10$ und $p=\frac{1}{6}$). Man beachte dabei, dass für $k=9$ und $k=10$ die Terme bereits vereinfacht wurden.

Bemerkung: Statt der Augenzahl 6 könnte man auch jede andere Augenzahl wählen.

Übersicht über typische Fragestellungen zur Binomialverteilung:

- genau k Treffer: $P(X=k)$
- höchstens k Treffer: $P(X \leq k)$
- weniger als k Treffer: $P(X < k) = P(X \leq k-1)$
- mindestens k Treffer: $P(X \geq k) = 1 - P(X \leq k-1)$
- mehr als k Treffer: $P(X > k) = P(X \geq k+1) = 1 - P(X \leq k)$

4.2 Berechnungen mit dem Taschenrechner

Ihr Taschenrechner kann in der Regel folgende zwei Arten von Wahrscheinlichkeiten im Zusammenhang mit der Binomialverteilung berechnen:

$P(X = k)$ und $P(X \leq k)$

Die Befehle dafür heißen je nach Rechnermodell z. B. *Binomialpdf* und *Binomialcdf*. Einzugeben sind dazu jeweils nur n, p und k.

 Eine Münze wird 10-mal geworfen. Berechnen Sie die Wahrscheinlichkeiten folgender Ereignisse:
A: Es fällt genau 7-mal Wappen.
B: Es fällt höchstens 7-mal Wappen.
C: Es fällt mindestens 7-mal Wappen.

Zufallsgröße X: Anzahl der Würfe, bei denen Wappen fällt
X ist binomialverteilt mit $n = 10$ und $p = 0{,}5$.

Mit dem Taschenrechner ergibt sich:

$P(A) = P(X = 7) \approx 0{,}1171875$ *(Binomialpdf)*

$P(B) = P(X \leq 7) \approx 0{,}9453125$ *(Binomialcdf)*

$P(C) = P(X \geq 7)$

Hierfür hat der Taschenrechner in der Regel keine eingebaute Funktion. Die Berechnung erfolgt über das Gegenereignis:

$P(C) = P(X \geq 7) = 1 - P(X \leq 6) \approx 1 - 0{,}828125 = 0{,}171875$

Die Wahrscheinlichkeit $P(X \leq 6)$ kann man mit dem Taschenrechner ermitteln.

Ermittlung der Kettenlänge n

 Ermitteln Sie, wie oft man mindestens würfeln muss, um mit mehr als 90 % Wahrscheinlichkeit mindestens 2-mal eine Sechs zu würfeln.

Zufallsgröße X: Anzahl Treffer
Treffer: Man würfelt eine Sechs; Trefferwahrscheinlichkeit $p = \frac{1}{6}$
X ist binomialverteilt mit $p = \frac{1}{6}$ und Kettenlänge $n = ?$
Mindestens 2-mal eine Sechs würfeln: $X \geq 2$
Gegenereignis: Höchstens eine Sechs würfeln: $X \leq 1$

Die Wahrscheinlichkeit soll größer 90 % sein, also:

$P(X \geq 2) > 0,9$

$1 - P(X \leq 1) > 0,9 \quad | -1$

$-P(X \leq 1) > -0,1 \quad | \cdot (-1)$

$P(X \leq 1) < 0,1$

Den Ausdruck $P(X \leq 1)$ kann man nun für verschiedene Kettenlängen n mit dem Taschenrechner berechnen. Man probiert verschiedene Werte aus, bis man diejenigen zwei n-Werte findet, bei denen der Übergang zu $< 0,1$ erfolgt. Diesen Übergang hält man schriftlich fest:

$n = 21$: $P(X \leq 1) = 0,113\ldots$ (noch größer als 0,1)

$n = 22$: $P(X \leq 1) = 0,097\ldots$ (jetzt kleiner als 0,1)

Man muss mindestens 22-mal würfeln, um mit mehr als 90 % Wahrscheinlichkeit mindestens zwei Sechsen zu würfeln.

Ermittlung der Trefferwahrscheinlichkeit p

Ein Glücksrad hat 24 gleich große Sektoren, die jeweils entweder rot oder weiß sind. Ermitteln Sie, wie viele Sektoren höchstens rot sein dürfen, damit die Wahrscheinlichkeit, bei 10-maligem Drehen weniger als 4-mal einen roten Sektor zu treffen, noch größer als 90 % ist.

Zufallsgröße X: Anzahl Treffer

Treffer: Das Rad zeigt einen roten Sektor an.

X ist binomialverteilt mit $n = 10$ und Trefferwahrscheinlichkeit $p = ?$

Die Anzahl der roten Sektoren sei k $\Rightarrow$ $p = \frac{k}{24}$

Weniger als 4-mal roter Sektor: $X < 4$

Die Wahrscheinlichkeit soll größer 90 % sein, also:

$P(X < 4) > 0,9$

$P(X \leq 3) > 0,9$

Mit dem Taschenrechner probiert man verschiedene Wahrscheinlichkeiten p der Form $\frac{k}{24}$ aus und berechnet jeweils $P(X \leq 3)$. Die infrage kommenden Werte für p hängen von der Anzahl der roten Sektoren ab:

$k = 4$ rote Sektoren $\Rightarrow$ $p = \frac{4}{24}$: $P(X \leq 3) = 0,9302\ldots$ (größer als 0,9)

$k = 5$ rote Sektoren $\Rightarrow$ $p = \frac{5}{24}$: $P(X \leq 3) = 0,8639\ldots$ (kleiner als 0,9)

Es dürfen höchstens vier Sektoren rot sein, damit noch mit mehr als 90 % Wahrscheinlichkeit bei 10-maligem Drehen weniger als 4-mal ein roter Sektor getroffen wird.

4.3 Erwartungswert und Standardabweichung

Die Standardabweichung σ gibt allgemein die mittlere Abweichung vom Erwartungswert E(X) an. Damit beschreibt σ, wie stark die Ergebnisse um E(X) streuen.

Ist X binomialverteilt mit n und p, so gilt:

- Erwartungswert: $\mu = E(X) = n \cdot p$
- Standardabweichung: $\sigma(X) = \sqrt{n \cdot p \cdot (1 - p)}$

Ist E(X) eine ganze Zahl, so findet man im Histogramm dort die höchste Säule.

Liegt E(X) zwischen zwei ganzen Zahlen, findet man die höchste Säule bei der nächstgrößeren *oder* der nächstkleineren ganzen Zahl *oder* es gibt zwei gleich hohe Säulen.

- Für eine Binomialverteilung mit n = 8 und p = 0,75 gilt:

  $E(X) = n \cdot p = 8 \cdot 0,75 = 6$

  Das Histogramm hat bei k = 6 die höchste Säule.

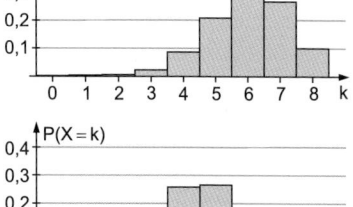

- Für eine Binomialverteilung mit n = 8 und p = 0,56 gilt:

  $E(X) = n \cdot p = 8 \cdot 0,56 = 4,48$

  Das Histogramm muss entweder bei k = 4 oder bei k = 5 die höchste Säule haben.

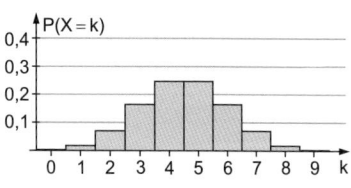

  Im Diagramm sieht man, dass k = 5 zutrifft.

- Für eine Binomialverteilung mit n = 9 und p = 0,5 gilt:

  $E(X) = n \cdot p = 9 \cdot 0,5 = 4,5$

  $\sigma = \sqrt{n \cdot p \cdot (1 - p)}$
  $= \sqrt{9 \cdot 0,5 \cdot 0,5} = 1,5$

Die Werte weichen also im Mittel um 1,5 vom Erwartungswert 4,5 ab.

5 Normalverteilung

5.1 Normalverteilte Zufallsgrößen

Eine binomialverteilte Zufallsgröße kann nur ganzzahlige Werte von 0 bis n annehmen; es kommen also nur endlich viele einzelne Werte infrage. Bei der Binomialverteilung handelt es sich deshalb um eine *diskrete* Wahrscheinlichkeitsverteilung. Bei einer **stetigen Verteilung** kann die Zufallsgröße dagegen jeden möglichen Zahlenwert annehmen; es gibt also unendlich viele infrage kommende Werte, die den Zahlenstrahl lückenlos abdecken. Als grafische Darstellung ergibt sich kein Histogramm mit einzelnen Säulen, sondern eine Kurve.

Eine besondere stetige Verteilung ist die **Normalverteilung**. Ihre grafische Darstellung nennt man **Gauß'sche Glockenkurve**.

Eigenschaften einer Glockenkurve
- Sie hat einen Hochpunkt.
- Sie hat zwei Wendepunkte.
- Die x-Achse ist waagerechte Asymptote.
- Sie ist achsensymmetrisch.

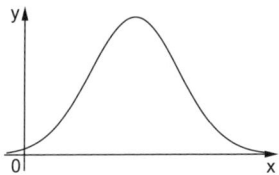

5.2 Erwartungswert und Standardabweichung

Der Verlauf der Glockenkurve einer Normalverteilung wird durch deren Erwartungswert μ und Standardabweichung σ bestimmt; entsprechend kann man an der Glockenkurve diese Werte (näherungsweise) ablesen.

Der **Hochpunkt** der Glockenkurve einer Normalverteilung ist an der Stelle des **Erwartungswertes** $x = \mu$. Die Glockenkurve ist achsensymmetrisch zur Geraden $x = \mu$ durch den Hochpunkt.

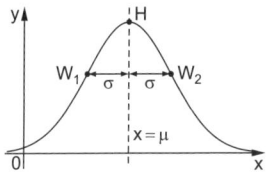

Die **Wendepunkte** der Glockenkurve liegen symmetrisch zum Hochpunkt an den Stellen $x_1 = \mu - \sigma$ und $x_2 = \mu + \sigma$.

- Für eine Normalverteilung mit $\mu = 5$ und $\sigma = 2$ ergibt sich diese Glockenkurve. Ihre Wendepunkte liegen an den Stellen $x_1 = 5 - 2 = 3$ und $x_2 = 5 + 2 = 7$.

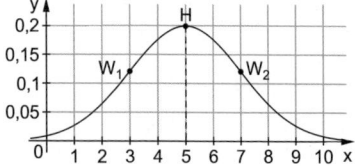

Die Glockenkurve ist breit und flach.

- Für eine Normalverteilung mit $\mu = 5$ und $\sigma = 1$ ergibt sich diese Glockenkurve. Ihre Wendepunkte liegen an den Stellen $x_1 = 5 - 1 = 4$ und $x_2 = 5 + 1 = 6$. Diese Glockenkurve ist höher und schmaler.

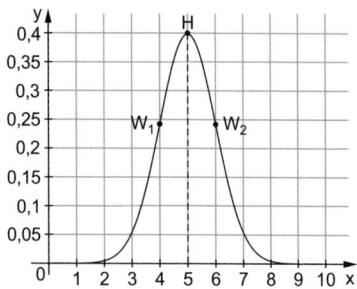

Merke: Je *größer* σ, desto *breiter* und *flacher* ist die Glockenkurve.

Die Abbildung zeigt die Glockenkurve einer normalverteilten Zufallsgröße X. Bestimmen Sie näherungsweise den Erwartungswert μ und die Standardabweichung σ.

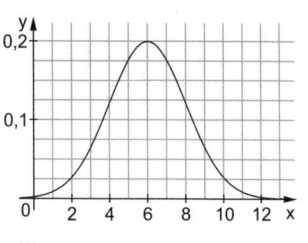

Hochpunkt bei $x_0 = 6$

$\Rightarrow$ Erwartungswert $\mu = 6$

Wendestellen etwa bei $x_1 = 4$ und $x_2 = 8$

$\Rightarrow$ jeweils Abstand 2 zu $\mu = 6$

$\Rightarrow$ Standardabweichung $\sigma = 2$

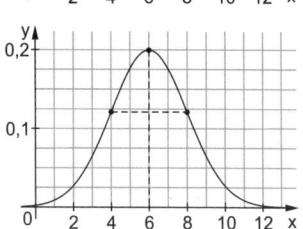

5.3 Wahrscheinlichkeiten als Flächeninhalte

Wahrscheinlichkeiten können bei einer Normalverteilung anschaulich durch Inhalte von Flächen zwischen der Glockenkurve und der x-Achse dargestellt werden. Als obere Grenze ist dabei auch ∞ (unendlich) erlaubt. Die Fläche erstreckt sich in diesem Fall nach rechts ins Unendliche. Ebenso ist als untere Grenze $-\infty$ erlaubt. Dann reicht die Fläche nach links ins Unendliche.

Ihr Taschenrechner kann diese Wahrscheinlichkeiten berechnen. Je nach Rechnermodell heißt der Befehl z. B. *Normalcdf*.

Eine Firma stellt Nägel her, deren Länge um den Wert 10 cm schwankt. Die Zufallsgröße X, die die Länge eines zufällig ausgewählten Nagels in cm beschreibt, ist normalverteilt mit Erwartungswert $\mu = 10$ und Standardabweichung $\sigma = 0{,}2$. Berechnen Sie für einen zufällig ausgewählten Nagel die Wahrscheinlichkeiten der folgenden Ereignisse:

A: Der Nagel ist mindestens 2 mm kürzer als der Erwartungswert.

B: Die Abweichung der Nagellänge vom Erwartungswert beträgt höchstens 1 mm.

Ereignis A: „Mindestens 2 mm kürzer als der Erwartungswert" bedeutet, dass der Nagel höchstens 9,8 cm lang ist. Die obere Grenze für X beträgt also 9,8. Als untere Grenze wählt man $-\infty$. Die Wahrscheinlichkeit entspricht dem Inhalt der Fläche A_1 in der Abbildung. Mit dem Taschenrechner ergibt sich:

$P(X \leq 9{,}8) \approx 0{,}159$

Bemerkung: Auch wenn negative Werte für X im Sachzusammenhang nicht sinnvoll sind, ist als untere Grenze $-\infty$ zu wählen.

Ereignis B: „Höchstens 1 mm Abweichung vom Erwartungswert" bedeutet, dass die Länge des Nagels zwischen 9,9 cm und 10,1 cm liegen muss. Die entsprechende Fläche in der Abbildung ist A_2.

Der Taschenrechner liefert:

$P(9{,}9 \leq X \leq 10{,}1) \approx 0{,}383$

5.4 Normalverteilung und Binomialverteilung im Vergleich

Die Glockenkurve einer Normalverteilung erstreckt sich zusammenhängend über die ganze x-Achse (*stetige* Verteilung). Bei einer Binomialverteilung sind nur endlich viele Werte möglich (*diskrete* Verteilung); anstelle einer Kurve werden diese durch Säulen in einem Histogramm veranschaulicht. Zu dem Histogramm einer Binomialverteilung lässt sich die Glockenkurve einer Normalverteilung finden, die sich optimal an deren Verlauf anpasst. Dazu müssen zwei Bedingungen erfüllt sein:

(1) Der Erwartungswert der Normalverteilung muss dem Erwartungswert der Binomialverteilung entsprechen. Damit fällt die höchste Säule des Histogramms auf den Hochpunkt der Glockenkurve.

(2) Die Standardabweichung der Normalverteilung muss mit der Standardabweichung der Binomialverteilung übereinstimmen. Damit passen sich die Breite von Glockenkurve und Histogramm an.

 Die Zufallsgröße Y ist normalverteilt mit $\mu = 12$ und $\sigma = 3$. Bestimmen Sie die Trefferwahrscheinlichkeit p und die Kettenlänge n einer binomialverteilten Zufallsgröße X, deren Histogramm möglichst gut mit dem Verlauf der zu Y gehörenden Glockenkurve übereinstimmt.

(1) $\mu = n \cdot p = 12$

(2) $\sigma = \sqrt{n \cdot p \cdot (1-p)} = 3$

Quadrieren von (2) und Einsetzen von $n \cdot p = 12$ in (2) ergibt:

$$12 \cdot (1-p) = 9 \qquad |:12$$
$$1-p = 0,75 \qquad |-1$$
$$-p = -0,25$$
$$p = 0,25$$

Das Ergebnis setzt man in (1) ein und bestimmt n:

$$n \cdot 0,25 = 12 \qquad |:0,25$$
$$n = 48$$

Die Abbildung zeigt einen Ausschnitt des Histogramms zu X sowie der Glockenkurve zu Y.

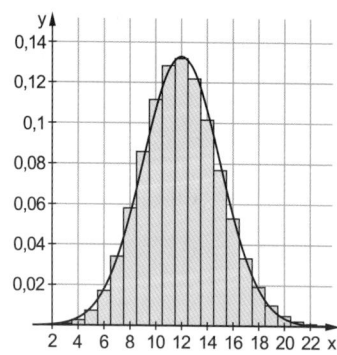

Stichwortverzeichnis

Analysis

Analytische Geometrie

Stochastik